巴菲兔的经济学之旅

汪艳 著

Buffy's Economics Journey

中国科学技术大学出版社

内容简介

本书通过一只名叫“巴菲”的小兔子的经济学之旅，配上轻松的情景剧漫画，将“相对复杂”的经济学专业知识，以轻松、活泼的形式展现出来。全书在充分构建经济学原理的主体框架基础上，对众多经济学的内容进行了合理的筛选，选择了涵盖并力求充分展现经济学全貌的8章内容，以保证经济学原理的科学性和系统性。本书主要包括选择的科学、看不见的手、幸福的艺术、竞争的吸引力、惊险的一跳、癌细胞生存之道、比爱情更狂的事情、强暴欲的天敌等内容。

本书致力于通过多种诠释形式的组合，每章以名人名言为导引，将社会公众和各类专业学生耳熟能详的童话、寓言、小品、漫画等揉进经济学原理中，尤其是将大学生校园生活的“经济学化”改成情景剧，变枯燥乏味的推导原理或图表公式为“生动”故事，很好地实现了经济学原理的科学性、系统性和通俗性、趣味性的有机结合。

图书在版编目(CIP)数据

巴菲兔的经济学之旅/汪艳著. —合肥：中国科学技术大学出版社，2017.5
ISBN 978-7-312-04068-9

Ⅰ. 巴…　Ⅱ. 汪…　Ⅲ. 经济学—通俗读物　Ⅳ. F0-49

中国版本图书馆CIP数据核字(2017)第033791号

出版　中国科学技术大学出版社
安徽省合肥市金寨路96号，230026
http://press.ustc.edu.cn
https://zgkxjsdxcbs.tmall.com
印刷　安徽国文彩印有限公司
发行　中国科学技术大学出版社
经销　全国新华书店
开本　710 mm×1000 mm　1/16
印张　10
字数　169千
版次　2017年5月第1版
印次　2017年5月第1次印刷
定价　35.00元

序

著名的人口学家和经济学家马尔萨斯曾断言“经济增长是有极限的”，正是因为这一错误预言而使得经济学背负着“令人沉闷的学科”这一称号。或许因此，经济学给人的感觉似乎更多的是无趣和脱离生活。大名鼎鼎的英国经济学家罗宾逊夫人也曾讲过：“我学习经济学是为了不受经济学家们的骗。”经济学的真面目到底如何，按照时下流行的话语：“经济学到底是个什么鬼?”

中国科学技术大学出版社出版的汪艳老师的新作《巴菲兔的经济学之旅》为我们打开了一扇奇特的大门。作者以“选择的科学”这一经济学的精要作为开篇第一章，既预示着巴菲兔的独特选择之意义，也暗示人生的征途中我们所做出的每一次选择也都离不开经济学之理性相伴。作者精心设计的8个主题，丝丝入扣，既贴近生活，又趣味横生，让人眼界大开。原来经济学可以这样充满神奇色彩！

相信读者一定能够从作者通俗平实的语言中，领悟到经济学的生活魅力和生活中的魅力经济学！

我是汪艳大学时的经济学老师，现在仍然在安徽大学给本科生讲授“经济学原理”，看到昔日的学生能有如此成就，深感欣慰，是以提笔作序！读此书时，我仿佛在和巴菲兔一起重温经济学的奇妙之旅！

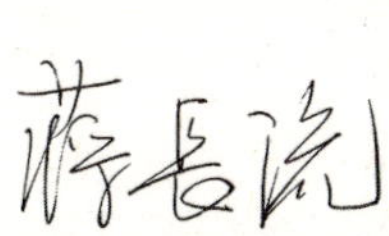

2017年3月20日于安徽大学磬苑校区

前言

“经济学”被誉为“社会科学皇冠上那颗最为璀璨的明珠”，主要介绍西方资产阶级经济学家有关市场经济运行的规律、方法等。在市场经济环境中人人都应该有基本的经济学素养，这种素养有助于每个人做出理性的决策。

市面上关于经济学类的书籍可谓是琳琅满目，有国内知名专家撰写的，还有国外引进的，这也说明了社会公众对此类书籍的需求度是很高的。但标准范式下的经济学原理体系庞大，内容众多，并通过数理分析构建了极强的逻辑性，大量的图表分析、公式计算以及众多仅凭字面及日常生活经验很难理解的经济学术语及原理等，往往使得经管专业的学生都感觉难学，更不要说无专业基础的社会公众学习的难度了。撰写本书的初衷，是希望它既强调经济学的科学性和系统性而不缺失趣味性，同时也能让没有经济学专业背景的读者读得懂；当然，也不希望它一味为体现趣味性，仅用一些小故事来反映经济学原理，甚至是经济学原理与日常现象牵强相结合，缺失了经济学的科学性，而且零散的故事会影响经济学原理系统性的展示。

本书尝试在充分构建经济学原理的主体框架基础上，对众多内容进行合理的筛选，选择了涵盖并力求充分展现经济学全貌的8个场馆的8篇游记，内含“选择的科学”“看不见的手”“幸福的艺术”“竞争的吸引力”“惊险的一跳”“癌细胞生存之道”“比爱情更狂的事情”“强暴欲的天敌”，以保证经济学原理的科学性和系统性。而且致力于通过多种诠释形式的组合，每篇游记以名人名言为导引，将社会公众和各类专业学生耳熟能详的童话、寓言、小品、漫画等糅进经济学原理中，尤其是将大学生们的校园生活"经济学化"为漫画情景剧，变枯燥乏味的推导原理、图表公式为"生动"，化晦涩难懂为通俗语言，希望能实现经济学原理的科学性、系统性和通俗性、趣味性的有机结合。

1号馆——选择的科学。约瑟夫·斯蒂格利茨指出："经济学研究我们社会中的个人、企业、政府和其他组织如何进行选择，以及这些选择如何决定社会资源的使用方式。"基于此，本馆重在展示经济学研究什么以及经济学家如何研究这些问题，即经济学的研究对象和研究方法。

2号馆——看不见的手。亚当·斯密指出："每个人都在力图应用他的资本，来使其生产品能得到最大的价值。一般地说，他并不企图增进公共福利，也不知道他所增进的公共福利是多少。他所追求的仅仅是他个人的安乐，仅仅是他个人的利益。在这样做时，有一只看不见的手引导他去促进一种目标……他经常促进了社会利益的增长，其效果要比他真正想促进社会利益增长时所得到的的效果为大。"基于此，本馆重在展示市场机制中价格运行的规律，即市场供求均衡的确定及其比较静态分析，以及从定量角度深入分析市场供求。

3号馆——幸福的艺术。伯纳·萧指出："经济学是一门使人生幸福的艺术。"基于此，本馆重在阐释市场经济中消费者的理性行为，即效用的量化及其实现幸福最大化的路径。

4号馆——竞争的吸引力。弗兰克·奈特指出："成本记录的是竞争的吸引力。"基于此，本馆重在展示市场经济中生产者的理性行为，即以技术效率和经济效率为前提进行生产者成本-收益分析。

5号馆——惊险的一跳。卡尔·马克思把商品价值在市场上实现的过程称为商品生产者（企业）的"惊险的一跳"，基于此，本馆重在展示企业在其内部实现技术效率和经济效率基础上如何在市场上实现利润最大化，即按照市场竞争程度的强弱所划分的四种类型市场结构的厂商对产量和价格的决定，以有利的竞争战略实现利润最大化的目标。

6号馆——癌细胞生存之道。爱德华·艾比指出："为增长而增长，乃癌细胞生存之道。"基于此，本馆重在展示宏观经济中的经济增长和经济波动，即以宏观经济数据衡量为基础，分析长期实际经济的决定和短期经济周期的决定及政策的调控。

7号馆——比爱情更狂的事情。本杰明·狄斯赖利指出："唯一能比爱情更能使人发狂的事情是货币问题。"基于此，本馆重在展示宏观经济中的货币经济，即经济赖以运行的金融体系，以及货币对长期和短期经济变量的影响。

8号馆——强暴欲的天敌。德·托克维尔指出："贸易是所有强暴欲的天敌。它促使人们独立并充分意识到自身的重要性，引导人们管理自己的事务并教会他们如何走向成功。因此，贸易鼓励人们追随的东西是自由而不是革命。"基于此，本馆重在展示相互依存性及得自贸易的利益，即贸易优势的确定以及贸易前后的得失归属。

出版《巴菲兔的经济学之旅》一书，一是希望读过本书的经管类专业学生，能够规范他们学习和运用现代经济学理论的标准用语；二是希望读过本书的社会公众及各非经管类专业学生，能够拓宽视野，提升人文科学领域有关经济学方面的素养；三是希望随《巴菲兔的经济学之旅》一书配套的"精品视频公开课"（可用手机浏览器扫描每篇篇首的二维码，观看本书作者主讲的经济学课程）成为有效载体，能够吸引社会公众和各类专业学生对经济学原理的主动关注。

作　者

2016年10月

巴菲

小轩

大树

杉杉

目录

引　子

巴菲是比兔国比兔大学的一年级学生，她可是一只爱说、爱笑、爱听、爱唱、爱读、爱游、爱交流更爱思考的兔子。

这一天，巴菲和她的好朋友小雨在宿舍楼下的宣传栏里看到了一张海报，原来，在大学城附近新建了一座“真实世界”经济学乐园(real world economics wonderland)。

“咦，‘真实世界’经济学乐园，看起来不错哇，小雨，你有没有兴趣和我一起去逛一逛啊？”

“啊？经济学，好难吧，巴菲，你是经济管理类专业出身的，之前你不是说过经管类不少课程有很多的分析模型，好像挺复杂的。我又不学这个，我怕我不懂，去了也白去。”

“哎呀，平时老师给我们上课可是从专业人才培养的角度来分析的。老师对我们掌握的程度肯定是有学术要求的。可是，你来仔细看看，海报上对“真实世界”经济学乐园是怎么介绍的，都说了整座乐园是建了很多场馆，用这些场馆来展示相应的经济学原理的。这不，你看，介绍说了第一期已经完工了，一共有8个场馆能对外开放了，每个场馆都有经验丰富的讲解员老师呢。而且那些场馆名字个个都有来头，每个场馆里都会有大学生们校园生活的实录，人家打造的就是科学与趣味的结合。而且，经济学原理课程我也要到下学期开学才会学到，我想先去感受下呢！”

“这倒也是，我听说过经济学是人文社会科学皇冠上的宝石呢，看来不是只有你这种经济管理类专业的学生才有掌握经济学的必要，像我这种非经管类专业的学生，还有社会大众也是可以通过了解经济学来提高人文素质修养的。”

“那自然是。好，就这样愉快地决定了，赶紧回寝室告诉小雪和小琪，等一放假咱们就一起去逛逛啊！”

终于放假了，心情美丽的巴菲和同宿舍的室友小雨、小雪、小琪相约来到了“真实世界”经济学乐园。那里绿树成荫，场馆林立，每一个馆看起来都是那么的特别。美妙的精神大餐就这样开始了！乐于分享的巴菲更是把大家在每个场馆的收获都记录了下来！

1 选择的科学

去往“真实世界”经济学乐园的路上，我和小雨都在想象和讨论这座经济学乐园会怎样融经济科学于乐趣。一下公交车，还没进乐园时，我就爱上了它，因为乐园里并不是冰冷的钢筋水泥铸建的高楼大厦，有的只是一个个看起来如同童话城堡的场馆，脚步也不禁更加轻快了。1 号馆离乐园入口最近，也是我们奔赴的第一个目的地。

1 号馆入口处挂了一块展示牌，上面介绍了馆名的由来。原来 1 号馆的馆名“选择的科学”来自于 2001 年诺贝尔经济学奖获得者约瑟夫 · 斯蒂格利茨所言：“经济学研究我们社会中的个人、企业、政府和其他组织如何进行选择，以及这些选择如何决定社会资源的使用方式。”

小雨看着馆名由来的介绍，若有所思。门口的讲解员老师告诉我们，生活中一切经济活动都离不开科学的选择。我们似懂非懂地点了点头，跟随他一起进入了1号馆，开启了我们美妙经济学之旅的第一站。

齐家之学？齐国之学？

1号馆有三个展区，第一个展区是一个小型的电影剧场。讲解员老师介绍说有个简短的资料片能帮助我们了解经济学的起源和发展。

原始人第一次打造出石斧和弓，那还不能算是经济活动，只能说是有了一种技术。一群猎人开始利用石斧和弓，集体围捕获得了一只野猪，猪肉在猎人之间进行分配。慢慢地，原始公社的群居生活变得复杂起来，有了专门为猎人制造工具的石匠，石匠自己并不去狩猎，猎人们在分配时会拿出一份猎物分给石匠。这时的生产、交换、分配和消费，很原始，也不发达，但已经是一种经济活动了。

人类有了社会经济生活，就会产生相应的经济思想。但经济学的出现，是在奴隶社会产生以后的事情。公元前355年，苏格拉底的弟子色诺芬的《经济论》一书的出现标志着西方开始出现经济学。这本书名由希腊文“家庭”和“管理”两词组成，宣扬的是“齐家之道”，这是因为古希腊的奴隶制生产是以家庭为单位由奴隶进行的，奴隶主只关心怎么组织和管理奴隶，得到更多的剩余产品。除却奴隶社会，欧洲封建社会的经济特征也是以庄园经济为主，当时的经济学必然也就局限于家庭经济或庄园经济的范围之中，所以这种“家庭管理学”的观点在欧洲流行了差不多有两千年。可是随着资本主义生产关系的产生和发展，传统的经济学这一名称所确定的对象和任务，越来越不适应形势的需要。如何超越传统经济学的局限？这一切直到17世纪初出现了“政治经济学”一词。

其实资本主义时代在16世纪时就已经开始。当时，由于商业和海外贸易的发展，商业资本在社会经济生活中起着重要作用，商业资本家成为新兴资产阶级的代表人物，作为商业资本家思想和要求体现的重商主义，对现代生产方式最早进行理论探讨，成为资产阶级学说的第一个学派。

1615年，法国早期重商主义者安·德·蒙克莱田通过国家掌玺大臣，也就是财政部长，献给当时的国王路易十三一本名为《献给国王和王后的政治经济学》的书，他以“政治经济学”为书名，绝不是主张这门科学在研究经济问题以外还要研究政治问题，其目的在于表明他研究的“生财之学，于家于国皆同”，而当时的人们通常把国家财政、货币流通这些国家或社会经济问题放在政治学、伦理学的著作中讨论。蒙克莱田并没有想到，他让一门新兴学科有了新名字，后来者都承认而且逐渐沿用了“政治经济学”这一名称。但因为重商主义者研究的范围仅仅局限于商业领域的流通过程。在重商主义者看来，贱买贵卖的流通过程才关乎了财富的产生和累积，他们对流通领域的关注未能转向对财富起真正至关作用生产领域的关注，他们的学说也只能是“政治经济学的前史”。

从17世纪开始，工场手工业逐步成为资本主义生产的主要形式，但当时的封建制度以及占比重很大的小生产，严重妨碍了大工业的发展和产业资本全面统治的建立。新兴资产阶级急切要求冲破封建束缚，于是，代表产业资本家利益，宣扬“经济自由主义”的资产阶级古典政治经济学应运而生。

卡尔·马克思说“古典政治经济学在英国从威廉·配第开始，到大卫·李嘉图结束；在法国从布阿吉尔贝尔开始，到西斯蒙第结束”，其间还有创立经济科学最伟大的人物亚当·斯密和法国重农学派的领袖弗朗斯瓦·魁奈。虽然重农学派为新学科的建立贡献巨大，表现了创造性和生产力，但只被看作这门科学的先驱者。被世人公认的政治经济学新学科的真正创始人是斯密，他在1776年发表了《国民财富的性质和原因的研究》，这标志着经济学学科的建立。在这一年，引人注意的另一件事就是《美国独立宣言》的发表，可以这样说，在美国的革命家们争取自由、反对暴政的同时，斯密举起了经济“自由”的旗帜，历史上也就有了这样一次美妙的巧合。

亚当·斯密提倡自由放任的市场运行状态，政府不应该干预经济，只需要作为“守夜人＋警察”保护公众财产、生命的安全。而市场之所以可以被放任，是因为经济生活的参与者都是有着自利心的经济人，他们对自身利益的追求是个人经济行为的原始动因，像屠夫、面包师和酿酒师会为人们提供生活所必需的食物和饮品，并不是出于对公众的恩惠或怜悯，而是出于对自身利益的关切。经济人会由“看不见的手”所引导，实现有效率的市场运行结果。

从17世纪中叶到19世纪初，资本主义处于上升阶段，无产阶级和资产阶级的矛盾还没直接公开，古典经济学代表的是反封建的要求。但在19世纪30年代以后，阶级矛盾开始尖锐化，资产阶级需要有为他辩护的经济理论，古典经济学也逐渐被庸俗化，让·萨伊以“供给创造需求”这一定律论证了资本主义制度的优越性。可以想象，如果由供给来创造需求，也就是说生产什么、生产多少都会有相应的消费与之相对应，只要生产出来，就会有相应的消费，那么以“生产过剩”为实质的经济危机就不会发生，不会发生危机的资本主义制度显然是合意的制度。

到了19世纪中叶，政治上独立起来的无产阶级与资产阶级斗争更加白热化。马克思、恩格斯以历史唯物主义和辩证唯物主义为方法论基础，批判地接受了古典政治经济学和空想社会主义中的科学因素，创立了马克思主义政治经济学，使社会主义从空想变为科学。

19世纪70年代掀起的“边际革命”是一场由经济的数量分析推动的革命，它为现代微观经济学的形成提供了理论依据。新古典经济学派集大成者阿尔弗雷德·马歇尔在1890年发表了《经济学原理》，他为现代微观经济学搭起了基本框架，而且书名抛弃了“政治”两字，也就是政治经济学被改回，称为经济学，在之后相当长的时期内，政治经济学这个名词从经济著作中消失了。

其实，早在1825年英国就爆发了第一次经济危机，之后每隔十年左右，就会发生一次经济危机，其他国家也有爆发。这些危机对于资本主义制度就像一个健康的人也会得个小感冒之类的疾病一样，因为感冒常常不治就自愈了，所以即使马尔萨斯和西斯蒙第早就预言了危机的可能性，但危机并没有引起大家的恐慌和过多的关注。

然而 1929～1933 年的经济“大萧条”使得一直颂扬的“市场出清”状态被打破了，无论是“放任自流”，还是“萨伊定律”，都受到了考验和质疑。所谓时势造英雄，大萧条造就了拯救危机的新学说——“凯恩斯主义”。

1936 年《就业、利息和货币通论》的发表标志着经济学进入了新的发展阶段。约翰·梅纳德·凯恩斯认为市场自发调节失灵，劳动力市场经常存在超额供给，经济不可能是“充分就业”状态，他以边际消费倾向、资本边际效率、流动性偏好三大心理规律，论证了经济中存在消费需求和投资需求的不足，所以政府应该对经济实施宏观调控。

作为一门独立社会科学的西方经济学，原来就是这样伴随着资本主义生产方式的产生与发展，举起了“自由”和“干预”两面大旗，成为了有关市场经济运行的规律以及国家如何调节经济的一系列观点、政策和主张的结合，也让现代经济学有了微观经济学和宏观经济学两个领域，这两个子学科曾经泾渭分明，但近年来也逐渐融合起来了。

看完资料片后，我们了解了西方国家经济学的起源与发展。为了进一步全面了解经济学，1 号馆的讲解员老师还给我们补充介绍了中国和古日本的经济学。

中国作为四大文明古国之一，无论是鲁宣公的“初税亩”、秦始皇的“统一度量衡”还是唐太宗的“以农为本、减轻徭赋”，都是彼时有效的经济新政。但在中国古籍中早有的“经济”一词指的却是“经邦济世”“经国济民”，就是治理国家、拯救庶民的意思。到了唐朝，为了避讳当时的皇帝李世民，改用了“经济”一词，却仍是“治国平天下”的意思，这与西方语言中“经济”一词所指并不相同。

19 世纪日本学者神田孝平将西方“economy”一词，译作现代意义上的“经济”；19 世纪下半叶，中国学者严复从日本引入了这一概念。最初有“生计”“理财”“经济”等不同译名，最后才统一译作“经济”。

近代和现代“经济”一词，大致有如下几种含义：① 指经济关系或经济制度；② 指物质资料的生产，以及与之相适应的交换、分配、消费等生产和再生产活动；③ 一个国家国民经济部门或总体的简称；④ 指节约、精打细算之意。

汽车？电脑？汽车和电脑？

1号馆的讲解员老师告诉我们经济学理论体系庞大，而著名的经济学家格里高利·曼昆却用了极少的语言就概括了经济学的研究对象。他说经济学就是如何有效“管理”稀缺性资源的科学（Economics is the study of how society manages its scarce resources）。资源的稀缺性是经济学存在的意义所在，这种说法毫不夸张。又因为经济学有微观经济学和宏观经济学两个分支，所以对稀缺性资源的“管理”就包含了双重含义。

在第二个展区，我们见到了一个简单的经济学模型——生产可能性边界（Production Possibility Frontier，PPF），也称生产可能性曲线。据说用它就能找到“管理”的双重性。

经济学家们通常会借助数学方程式、方程组或几何图形构建的经济模型来理解世界。这些经济模型犹如塑料人体模型，并不包括人体所有的肌肉和毛细血管，事实上也没有人会把人体模型当作真人，但这并不妨碍人体模型帮助学生们了解人体如何活动一样，尽管经济学模型忽略了很多细节，但是它们也不妨碍我们对现实世界经济运行的了解。

相对于数学分析中自变量和因变量的确定，经济模型的建立依赖于外生变量和内生变量，外生变量是模型以外给定的变量，或说是模型建立的前提假设，一旦外生变量可以通过常数来衡量，外生变量就是参数。可以这样说，参数是外生变量，而外生变量未必是参数。内生变量是模型要去决定的变量。当然，并不能简单地将自变量和因变量与外生变量和内生变量直接画等号，内生变量有时也会包含自变量。

因为一个社会生产出的产品有千百万种，为了简化分析，经济学家通常会假定一个只生产两种物品的社会。在这里，我们看到了一条用来展示社会有关汽车和电脑生产的可能性边界。这条生产可能性边界反映了在生产技术条件和生产资源数量给定时，社会所能生产的电脑和汽车最大产量的各种组合点的轨迹。

在图1.1中，横轴表示了汽车的数量，纵轴表示了电脑的数量，在现有技术条件下，用全部的生产资源只生产电脑或者汽车时，可以在纵轴上得到电脑或者在横轴上得到汽车的最大产出。假如,A 点代表的是汽车的最大产出——1200 辆,B 点代表的是电脑的最大产出——3000 台,生产可能性边界(PPF)就是连接端点 AB 之间的轨迹。显然,PPF 上有无数个生产组合点,除了 A、B 两点以外,其他任何生产点都代表了电脑和汽车这两种产出的组合,譬如 C 点(400 辆汽车和 2700 台电脑)、D 点(800 辆汽车和 2000 台电脑)。如果将 C、D 点进行比较,D 点代表了更多的汽车和更少的电脑产出,这也可以从 PPF 向右下方倾斜来看出。

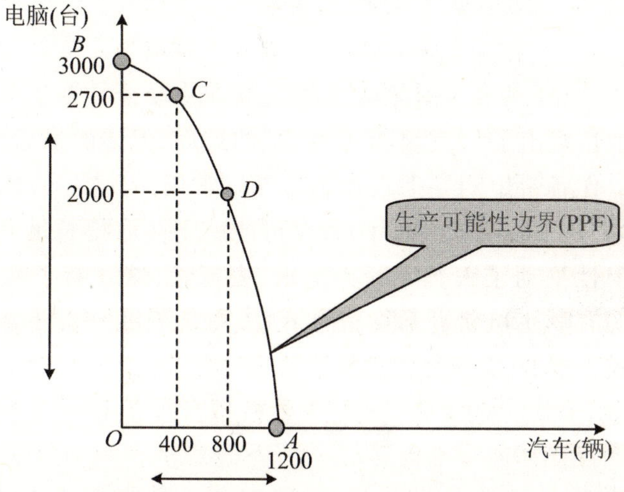

图 1.1 汽车和电脑的生产可能性边界(PPF)

也就是说,如果社会想要增加电脑产出,就不得不减少汽车产出。换言之,电脑产出的增加是以汽车产出的减少为代价的,或者是说汽车产出的增加是以电脑产出的减少为代价的。汽车产出和电脑产出之间存在着反方向变动关系。

“可是,社会为什么不能同时增加汽车和电脑的产出呢?”讲解员老师给我们提了一个问题。

很快,我们就找到了答案。很明显,因为资源是稀缺的。稀缺指的是资源的有限性。当可利用的资源和生产技术给定时,用于汽车生产的那部分资源就无法再用于生产电脑了。中国古语有云:“鱼和熊掌,不可兼得。”美国总统艾森豪威尔也说过:“造出的每一支枪,下水的每一艘潜艇,发射的每一枚火箭,归根到底,都意味着对于那些忍饥挨饿人们的偷盗。”

可是地大物博的中国难道也会面临资源稀缺的问题吗?事实上无论是发展中国家还是发达国家,都不可避免存在资源稀缺的问题。资源具有稀缺性是相对的，一个社会无论有多少资源，相对于无限的欲望而言，总是不足的。

中国清朝诗人胡澹庵有一首《不知足诗》：

终日奔波只为饥，方才一饱便思衣。
衣食两般皆具足，又想娇容美貌妻。
娶得美妻生下子，恨无田地少根基。
买到田园多广阔，出入无船少马骑。
槽头扣了骡和马，叹无官职被人欺。
县丞主簿还嫌小，又要朝中挂紫衣。
作了皇帝求仙术，更想登天跨鹤飞。
若要人心皆俱足，除是南柯一梦兮。

这首打油诗道出了“人心不足蛇吞象”的道理，但诗的最后两句“南柯一梦”徒有欢喜，作者希望劝导世人知足才可以常乐。其实，从社会发展的角度来说，人心要是很容易就满足了，社会可能就不会取得长足发展了。也正是欲望的无限性推动了人类不断去追求、去探索，这才有了社会的不断进步。所以资源有限性和欲望无限性的矛盾，决定了每一个社会团体和个人都必然面临权衡取舍，必须做出选择。

套餐风波

走着走着，哈哈，终于在展区里看到了传说中的校园生活情景剧，没来之前，一直想着场馆里会有哪些校园生活记录，原来1号馆里的情景剧记录了大学食堂里的一幕。

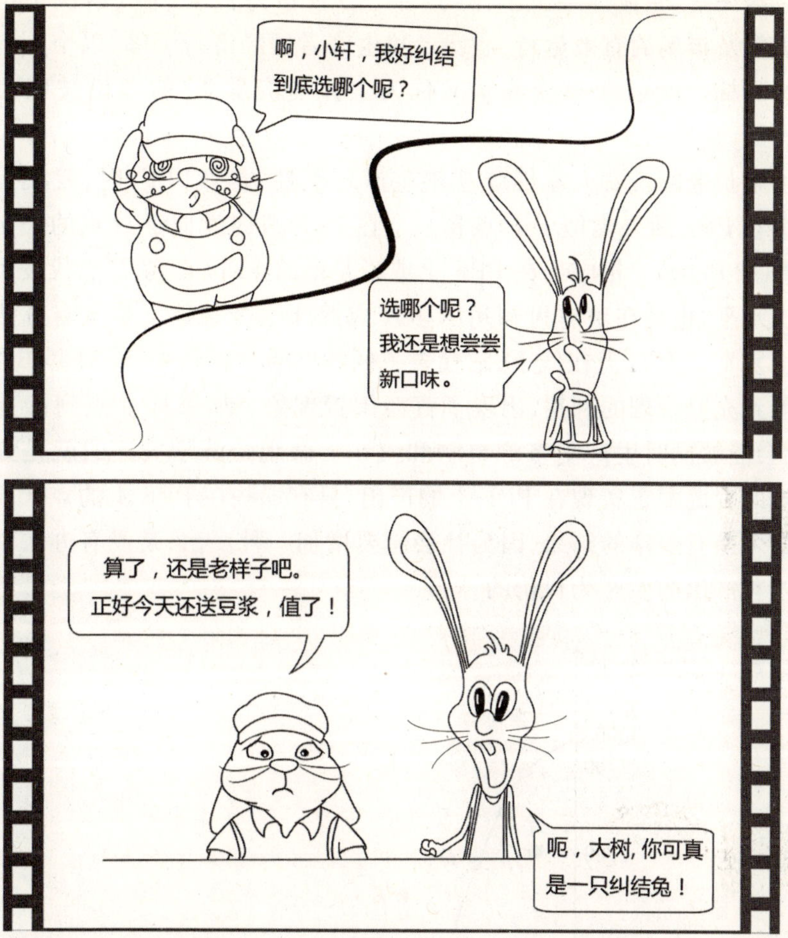

再好吃的功夫水饺，在肚量和金钱有限的情况下，作为理性经济人的小轩和大树只能做出这种选择。

选择就是用有限的资源去更好满足人类的欲望的决策，决定用既定的资源生产什么和生产多少(what)、如何生产(how)和为谁生产(for whom)这三个基本问题。

What:到底在哪一点来组织生产？A、B、C、D还是其他的组合点呢？

How:一旦确定了产出目标，该用什么要素来生产？用什么技术生产？用什么样的方式来组织？

For whom:经济活动的成果由谁来享有呢？

这三个问题的解决正是微观经济学要研究的“资源配置”方面。微观经济学以居民户、企业等经济个体为对象，以价格为手段，主要解决了市场的基本力量及市场的有效运行、消费者和生产者的经济行为等，以个人利益最大化为目标。所以微观经济学又称为个体经济学，它的理论被归为价格理论。

讲解员老师带着大家继续观察生产可能性边界（PPF）时，我又发现了有一个在 PPF 线外类似于 F 点和一个在 PPF 线内类似于 G 点的产出组合（如图 1.2 所示）。相应于在 PPF 上或说是沿着 PPF 的点，F 点代表了更高的产出水平，也是在现有可利用的生产资源和生产条件下是没有办法实现的产出水平。而 G 点在线下，它代表了低效率的产出水平，说明生产资源并没有得到充分合理的利用，出现了资源闲置现象。如果从 G 点到 C 点或 D 点，社会能够同时生产更多的电脑和汽车。微观经济学关注的就是如何通过有效的资源配置实现在 PPF 上的产出，只有那些在 PPF 上的点代表的产出组合才是有效率的结果，因为社会想要增加一种产出，是没有办法以不放弃另一种产出的生产为代价的。

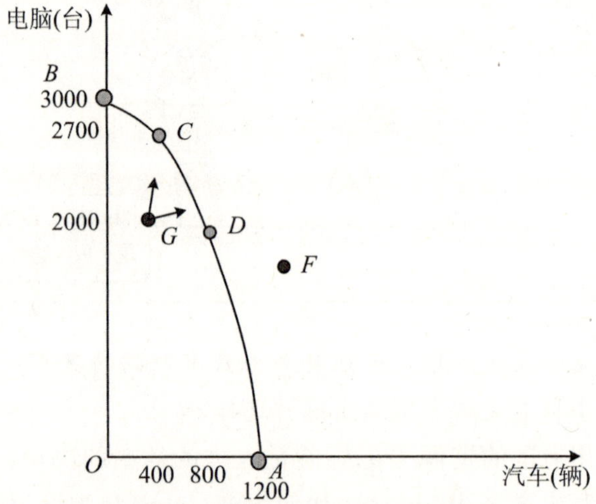

图 1.2 汽车和电脑的生产可能性边界(PPF)

可是，讲解员老师告诉我们如果以宏观经济学的视角去观察 PPF，PPF 上的产出代表了社会理想产出，现实的经济运行状态却是会围绕 PPF 上下波动的（如图 1.3 所示）。波浪式的经济产出路径代表了经济周期，被穿过的 G 点、F 点都是经济运行中不可避免的低谷和高峰，G 点代表的经济萧条并不总是存在，经济总是会复苏。同理，F 点代表的经济繁荣也并不总能延续，衰退迟早会来，只有当 PPF 曲线受到外力的影响，改变了当初的外生变量，比如技术进步了，发现了更多可利用的生产资源和可替代性的生产资源，PPF 整个边界向右上方移动，整条 PPF 穿过 F 点时，相应于之前 F 点的暂时性增长，社会实现了稳定的长期经济增长，国民享受到了更多的社会财富。

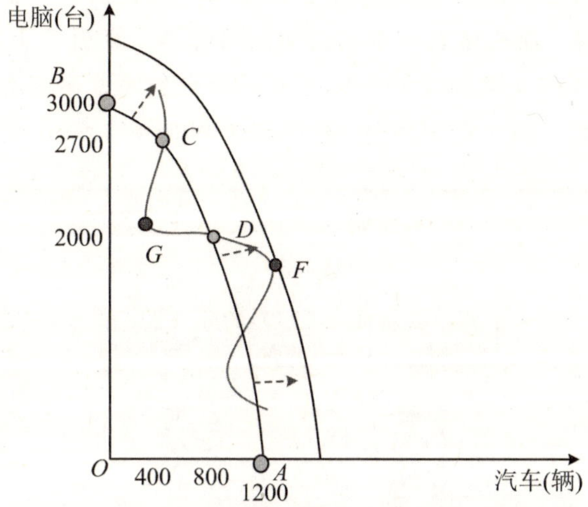

图 1.3　汽车和电脑的生产可能性边界(PPF)

所以像产出为何不能始终在 PPF 上，而是会时高时低呢？资源为何没能得到充分利用而达不到 PPF 呢？如何使资源得到充分利用呢？货币或储蓄的购买力对资源的利用产生了什么影响呢？这些问题都涉及了“资源利用”方面。宏观经济学以整个国民经济总体为研究对象，主要解决国民收入的衡量、决定及其调节，以全社会福利最大化为目标，所以宏观经济学又被称为总体经济学，它的理论被归为(国民)收入理论。

通过生产可能性边界，我们终于确定了“管理”的双重含义。经济学是研究经济社会如何有效“管理”稀缺性资源的科学，即经济学是有关经济社会如何有效配置和利用稀缺性资源的科学。

大学生上课可以玩手机吗？

来到展区三时，好多小伙伴们聚在一起，点头、摇头，轻声说着、笑着，原来这里有个校园随机采访实录吸引了大家。因为手机在如今的大学校园里已然成为大学生们的基本装备，视频中主持人频频发问：你觉得大学生上课可以玩手机吗？

同学，请问你认为上课可以玩手机吗？
我觉得不可以，那是对老师的不尊重。
203
教室
x+y=4
这位同学，你觉得上课可以玩手机吗？
我觉得可以，因为有时候老师讲的内容好无聊。
105
教室
这位同学，请问你觉得上课可以玩手机吗？
我觉得不可以，老师讲的很多知识都是有价值的，即使不感兴趣，也应该听听，充实自己的头脑。
105
寝室

大学生上课玩手机在今天的大学校园里是常见现象，在经济学家的眼中，“上课玩手机”可以包含两个方面的内容：上课能否玩手机与上课应不应该玩手机。

上课能否玩手机？要回答这个问题可能会涉及另外一些问题。

比如，大学生们有没有手机？家长们是否支持大学生购买手机？大学生们有什么类型的手机？拥有智能手机的大学生比例如何？教学楼里网络的信号如何？有没有免费的 Wi-Fi？爱玩手机的同学是不是喜欢坐在教室的后面或教师不容易关注到的角落里？发现大学生上课玩手机时授课老师处理的态度如何？授课老师考试前喜不喜欢给学生画重点？爱在理论课上玩手机的大学生在实验课上是否也爱玩手机？每学期需要重修的大学生中上课爱玩手机的比例如何？每年不能正常毕业的大学生中上课爱玩手机的比例如何？班级、院系、学校有没有相关的管理规定上课时手机不允许携带进入课堂？学校方面对大学生有没有安排大学学习方向、目标等相应的专业指导、心理辅导？爱玩手机的同学在中学阶段有没有接收到“考上大学就一切 OK”的误导？等等，通过对这些问题的分析，可以得到上课玩手机与考试通过率、教师的处理态度、课程的性质等变量之间的关系。这些关系无论谁去做调查研究，得出的结论都是客观的、可验证的。那么，这种分析问题的方法就是实证分析法。

而上课应不应该玩手机呢？不同人的当然会持有不同的态度，得出的结论也会不同。有些同学觉得认真参与老师的整个授课过程才是最重要的学习途径；但也有同学会觉得老师讲得枯燥无味还不如玩手机，考试前两天突击复习复习就可以过关，或者其他同学在玩自己为什么不玩，等等，这种包含有价值判断(value judgment)在内的分析方法，会体现出有关“上课玩手机是件好事还是坏事”的立场。这样的问题带有强烈的主观意识，涉及的结论也是不可验证的，这种分析方法被称为规范分析法，而实证方法为了使经济学具有客观性而强调排斥价值判断。

看来实证分析法和规范分析法在经济学中有着不同的作用。如果把经济学作为一门科学，作为认识世界的工具，就应该放弃价值判断，像物理学家或化学家一样冷静、客观地分析经济现象。但如果是要制定政策以改善世界，就要以一定价值判断为基础评价某种经济现象。这两种方法是密切相关的，比如通过实证分析得出了“最低工资法引起了失业，尤其是年轻就业者和不熟练工人的失业”这样的结论，如果需要进一步确定是要保障工人的最低收入水平还是要提高就业率，规范分析法就会给出“政府应该还是不应该提高最低工资”的政策取向。

除了实证和规范分析，均衡分析和边际分析也非常有意义。均衡本是物理学的概念，它是指物体由于所受各方向外力正好相互抵消所处的状态。而在经济分析中，借助均衡一词体现了这样一种状态：在外界条件不变的情况下，各个经济决策者做了相应决策，并且每个人都不会愿意再调整自己的决策，也就不再改变其经济行为，因为一改变，就会产生失衡，失衡则意味着有改进的余地。由于在现实中，外界条件不断发生变化，可能均衡只是转瞬即逝的一刻，也可能永远达不到。但在均衡分析中，只考察达到假想中的均衡时的情况。在均衡状态下，当事人的决策对个人来说，以使私人利益极大化，或已达到最优。那么，这种最优是如何达到的呢？这是通过边际考虑来实现的。在经济学中，“边际量”的一般意义是一单位自变量的变化量所引起的因变量的变化量，如边际效用、边际成本、边际收益等。比如是否要多喝一杯酸奶的决定，并不是取决于买酸奶的总成本量和从喝酸奶中获得的总收益量相比较，而是取决于额外多买一杯酸奶给你带来的成本增加量与得到的收益增加量的比较，如果你认为从额外一杯酸奶的享用中所得到的收益增加量，比如享受程度超过了为买这额外的一杯酸奶所付出的代价，比如这杯酸奶的价格，那就应该多买这一杯，反过来，就不应该买，当且仅当从额外一杯酸奶中所得到的收益增加量等于为此引起的成本增加量，你就实现了酸奶购买决策的均衡。尽管有些收益，比如这里的享受程度不太容易被量化，但作为理性经济人，总是知道自己真实的心意和状态要不要选择多喝一杯酸奶。除此以外，经济学中还有静态分析和比较静态分析、动态分析、个量分析、总量分析等众多研究方法。

在1号馆里，我们就经济学的由来、研究对象和研究方法方面有了不少收获，这也让我们对其他7个场馆充满了期待！

2 看不见的手

Buffy's Economics Journey

一早就醒了，我们赶上了最早去“真实世界”经济学乐园的公交车，直奔经济学乐园2号馆。今天已是酷暑难当了，大家一入乐园就感到了口渴，不得不赞的是每个馆旁边都有“冷饮加油站”。在机场、乐园等地方的物价常常会比超市和便利店贵很多，而这座乐园里的冷饮加油站并没有因为地利就给商品定一个高高的价格，“亲民”的冷饮价格让大家都好开心。

和1号馆一样，2号馆入口处也有介绍馆名由来的展示牌，原来2号馆的馆名源自经济学之父亚当·斯密的著作《国民财富的性质和原因的研究》，“每个人都在力图应用他的资本，来使其生产品能得到最大的价值。一般地说，他并不企图增进公共福利，也不知道他所增进的公共福利是多少。他所追求的仅仅是他个人的安乐，仅仅是他个人的利益。在这样做时，有一只看不见的手引导他去促进一种目标……他经常促进社会利益，其效果要比他真正想促进社会利益时所得到的效果为大。”这只“看不见的手”对大家有如此大的引导力，它是谁？它怎么引导了大家的行为呢？

带着这些问题，我们进了 2 号馆。刚踏进 2 号馆，就看到了馆里正在放映的情景剧，这次记录的可是大学宿舍里的“小酸奶，大市场”。

小酸奶，大市场

酸奶市场中两种最基本也是最重要的力量，是来自于酸奶市场消费者的需求和生产者的供给。

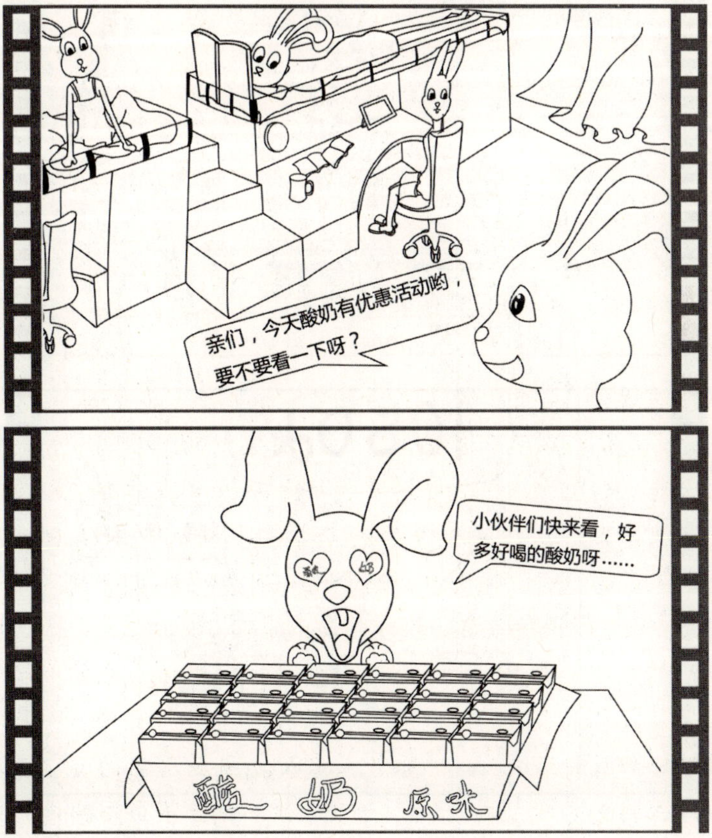

我来看看，我来看看！
哼，又涨价了！
这次酸奶涨价咯，不过有优惠活动哟！
最近原奶价格上涨，所以酸奶价钱有所提高。
哇哦，好多我喜欢的口味！
香蕉味
草莓味
原味
10502
请问，有人在吗？

嘿嘿，亲们
这次又有优惠啦！
哦，今天出门
刚好碰到就
顺便买了！
啊？你们都
买过酸奶啦！
看来我得想个办法！

女大学生杉杉勤工俭学，在宿舍里做起了酸奶促销员。在饮品市场中，如果酸奶价格便宜些，愿意买的人通常更多了。当酸奶价格上涨，引起大家的不满时，杉杉则给出了原奶价格上涨带动酸奶市场价格上涨的解释。当自己的老顾客忽然喝上了其他品牌的酸奶，杉杉也想到了好主意夺回大家的心。真是"小酸奶，大市场"啊！

酸奶市场中两种最基本也是最重要的力量，是来自于酸奶市场消费者的需求和生产者的供给。2号馆讲解员告诉我们，有一句古话说到"一只鹦鹉只要学会说'供给和需求'，就可以成为一个经济学家"。可是，我想这一定不是为了说经济学家只是受过"供-求"良好训练的"鹦鹉"，而是"供-求"原理，也就是市场参与者们在市场上相互交易时的行为，是决定市场经济运行的最基本力量。供给和需求共同决定了每种商品的交易量和价格，如果我们想知道某一件事或政策如何影响经济，首先应该考虑的就是这件事或政策如何影响了供求。

酸奶的需求

一种商品的需求来自于消费者，酸奶的需求自然源自酸奶的消费者。消费者对商品的需求表现为一定时期内，在各种可能的价格水平下愿意而且能够购买的商品数量。想起了今早在乐园冷饮加油站，如果我们想来杯冰凉的酸奶来给自己降温，可是没有钱或钱不够的话，酸奶即使再便宜，但因为没有支付能力，那最多是想想而已，不能成为需求；如果在没有暖气的南方，大冬天的时候，一想到酸奶，浑身直哆嗦，即使我们再有钱，但没有消费的意愿，也不能成为需求。

对酸奶的需求可以采用多种方式去表示，比如需求表、需求方程和需求曲线等(如图 2.1 所示)。无论哪一种方式，表达的需求都反映了商品价格和需求量之间的一一对应关系。假如酸奶价格为 0.5 元一杯时，小方意愿而且能够购买的酸奶数量为 10 杯；当酸奶价格上涨到 1.5 元一杯时，小方的酸奶需求量是会更多比如 12 杯，还是会更少比如 6 杯呢？当然，6 杯比 12 杯要合理。这种价格上涨引起酸奶需求量与其反方向变动的关系反映在坐标轴内，就能得到一条方向向下的需求曲线了。

> 哈哈，在这我又看到了自己喜欢的坐标轴和图形。虽然还没有系统学习过经济学课程，但在 1 号馆中引入的生产可能性边界就已经让我深深感觉到了图形的力量，因为图形是最最直观的表达。我想，那些希望自己对经济学知识有更多了解和更深理解的伙伴们，即使你们不擅长且不喜欢复杂的计算，也一定不要轻易忽略图形。而利用图形分析的第一步就是要养成首先观察坐标轴标示的是什么变量，其次才是图形本身。

为什么要关注坐标轴标示的变量呢？其实，坐标轴标示的变量犹如一个人与生俱来的特有指纹，这条右下方倾斜的曲线之所以被称为需求曲线，就是因为它反映的是酸奶价格和酸奶需求量之间的反向变动关系。可是如果坐标轴标示的变量改变了，比如把酸奶价格这个变量改为消费者的收入、果汁的价格或者其他变量与酸奶需求量之间的关系，那么，即使在同样的位置出现了一条一模一样的呈右下方倾斜的曲线，它也不能被称为需求曲线了。这就像每个人的指纹是特有的，无法复制的，即使外表看起来没有一丝差别的双胞胎也可以依据指纹纹路区别开来。

酸奶需求表

酸奶的需求	A	B
酸奶价格(元/杯)	0.5	1.5
酸奶需求量(杯)	10	6

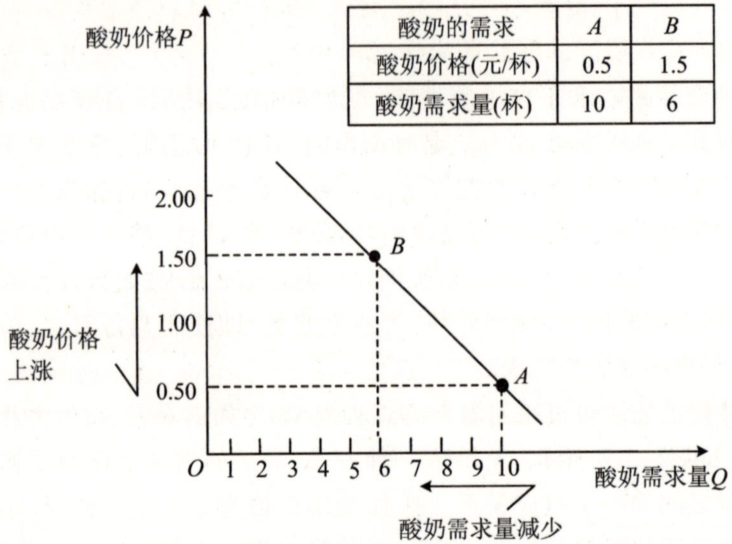

图 2.1 酸奶需求曲线图

和通常数学坐标轴中自变量 X 放置在水平方向的横轴上，因变量 Y 放置在竖直方向的纵轴上不同的是，在供-求分析中，作为自变量的价格 P 放置在了竖直方向的纵轴上，水平方向的横轴上表示的是作为因变量的数量 Q。但并不是所有的经济学图形都是将自变量和因变量如此倒置，而且也不是所有摆置在纵轴的价格 P 就一定是自变量，数量 Q 一定就是因变量。

当酸奶需求曲线被简化为一条直线时，2 号馆的讲解员老师告诉大家经济学家会采用 $Q_d = a - b \cdot P$ （a、b 为常数且 a、$b > 0$）来表示酸奶的需求函数。

显然，市场中酸奶价格越高(低)，需求量会越少(多)。在这，酸奶需求量的变化只是因为酸奶自身的价格变化了，与其他条件无关。可以这样说，一般而言，在其他条件都不变的情况下，一种商品的需求量与其价格呈反方向变动，这就是所谓的“需求定律”。当需求定律反映在需求曲线上时，商品自身价格的变动带来了曲线上点的移动，也就是当酸奶价格从 0.5 元一杯上涨到 1.5 元一杯时,酸奶需求量从 10 杯减少为 6 杯,酸奶需求曲线上会出现 A 点到 B 点的移动。

讲解员老师提醒大家如果换个角度来表达,引起酸奶的需求量从 10 杯减少为 6 杯的原因是什么呢?当然,酸奶自身价格的上涨是可能带来这样的变动。除此以外,其实还有一种可能就是酸奶的价格并没有上涨,而酸奶的需求量却减少了,而且不仅是价格为 0.5 元一杯时的需求量减少了,在所有可能的价格水平下的酸奶需求量都等幅减少了。此时,和需求曲线上出现 A 点到 B 点的移动不同的是,整条酸奶需求曲线此时产生了平行移动,这被称为酸奶需求的变动。那么,是什么原因引起了酸奶需求的变动呢?

可能的原因有消费者的收入变化。当消费者的收入减少时,消费者在每一个价格水平下的购买能力都会等幅减少,所以每一个价格水平下的酸奶需求量都会等幅减少,由此带来了整条酸奶需求曲线平行向左移动。反之,酸奶需求曲线会向右移动。也就是说消费者收入增加(减少)引起了需求增加(减少),但是收入增加在现有的价格-数量(P-Q)轴上反映不出来,只能反映在曲线平行移动的方向上,这就是消费者收入的变动引起的酸奶需求的变动,如图 2.2 所示。

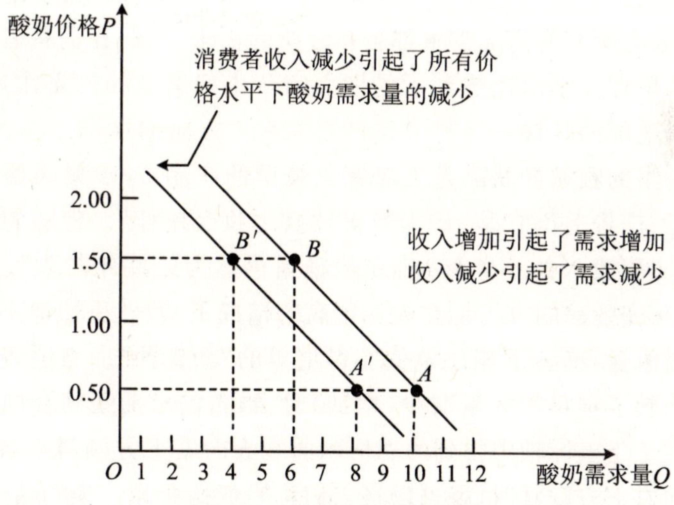

图 2.2　酸奶需求曲线变化图

如果以消费者收入 I 取代酸奶价格 P,构建一个以 I 和 Q 为变量的坐标轴(如图 2.3 所示),酸奶的价格就可以视为不变,当消费者收入增加(减少)引起酸奶数量增加(减少)时,酸奶需求曲线将会向右(左)移动。讲解员老师告诉大家，与此同时，在这个新的 I-Q 坐标轴内，就可以得到一条反映收入变动引起酸奶需求量变动的轨迹，这条轨迹被称之为恩格尔曲线。当恩格尔曲线右上方倾斜时，这种商品就是正常商品。

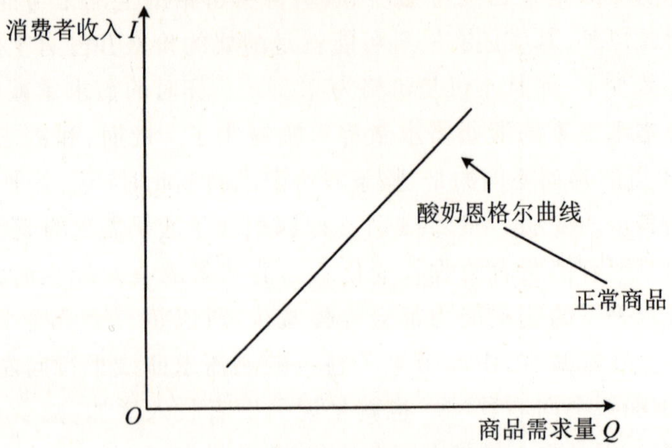

图 2.3　酸奶的需求曲线图

那是不是消费者的收入增加时，所有的商品需求会和酸奶的需求一样表现为增加呢？讲解员老师给了大家这样一个问题。很快，小南就有了主意，她觉得未必所有的商品需求都会和酸奶的需求一样，在消费者的收入增加时表现为增加。小南还想到了借助大家从小都用过的雅霜作为佐证，赢得了讲解员老师的赞许。

桂花香型的雅霜护肤品是上海家化最早的产品，一度是风靡大江南北的护脸神器，广告上说它是“最为爱美仕女之妆台良伴”。但随着社会的发展，人均可支配收入的不断增加，固然雅霜仍然为一些年龄偏大的人士喜爱，但亘古不变爱美的女士们在收入提高的情况下，毅然决然地不断减少了对雅霜的需求量，选择了能让她们变得更美的“新良伴”。当消费者收入增加(减少)引起了雅霜需求量减少(增加)时，雅霜需求曲线将会向左(右)移动，这样，在 I-Q 坐标轴内得到的恩格尔曲线会向右下方倾斜。当商品的恩格尔曲线向右下方倾斜时，就可以将它们称为低档商品。换句话说，雅霜的需求曲线是向右下方倾斜的(如图 2.4 所示)。消费者对雅霜的需求从其自身价格变化的角度而言是符合需求定律的，但这并不影响它在消费者收入变化时被归为低档商品。

除了消费者的收入会影响商品的需求，与某种商品的消费相关的商品价格变动了，这种商品的需求也会变动。这说明了当蒙牛酸奶的价格变动了，蒙牛酸奶的需求量会跟着反向变动，而相关品价格的变动说明的是当蒙牛酸奶价格变动了会不会对伊利酸奶的需求量产生影响。如果有影响，又是怎样的影响呢？二号馆的讲解员老师不断地提出问题让大家思考。

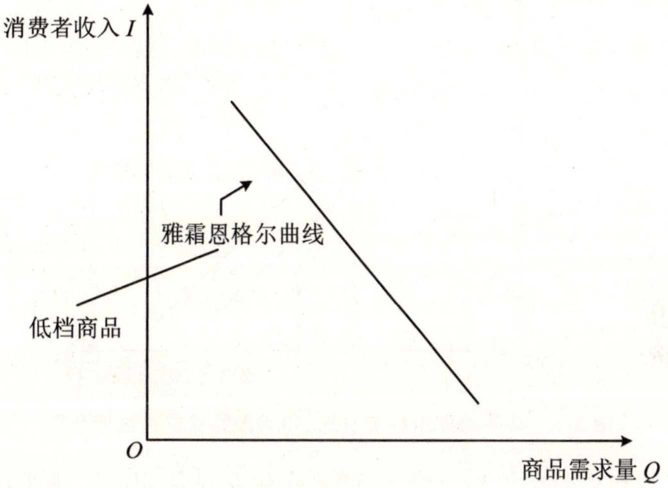

图 2.4　雅霜的需求曲线图

和消费者收入一样，相关商品的价格变动也是不能在需求曲线上反映出的第三个变量，当蒙牛酸奶价格上涨，蒙牛酸奶需求量减少之后，伊利酸奶的需求量却增加了，而且是所有价格水平下伊利酸奶需求量的等幅增加。这样，伊利酸奶的需求曲线会向右移，如图 2.5 所示。

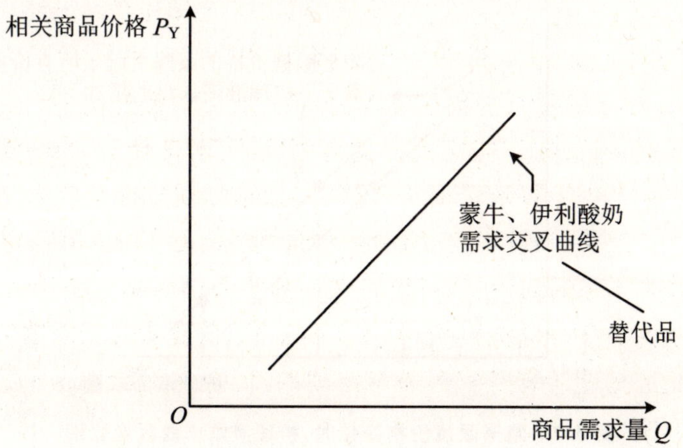

图 2.5　蒙牛、伊利酸奶需求交叉曲线

这说明了此商品价格上涨(下降)带来彼商品需求的增加(减少),需求曲线会与相关商品价格的变动保持同向,这两种商品,比如伊利酸奶和蒙牛酸奶,就互为替代品,其示意图如图 2.6 所示。

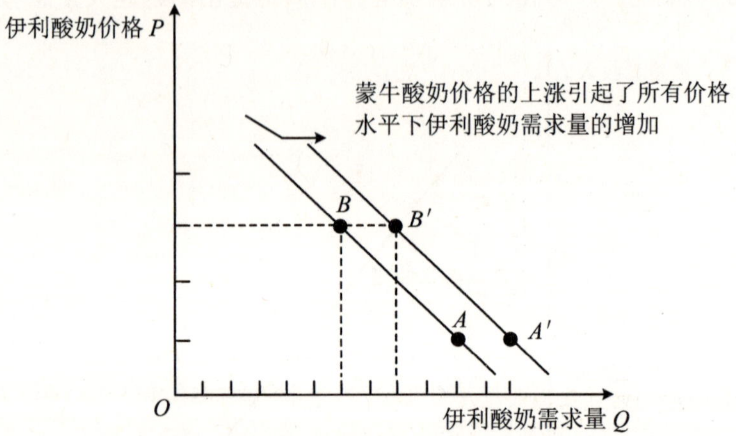

图 2.6　蒙牛酸奶价格变化时,伊利酸奶需求曲线变化图

可是,当隐形眼镜价格下降了,隐形眼镜配套使用的护理液的需求量会发生与伊利和蒙牛酸奶之间的变动关系吗?当然不会,恰恰相反,隐形眼镜的价格下降引起了需求量的增加,配套的护理液的需求量就会跟着增加,而且是所有价格水平下护理液的需求量的等幅增加,这样,护理液的需求曲线会向右移(如图 2.7 所示)。

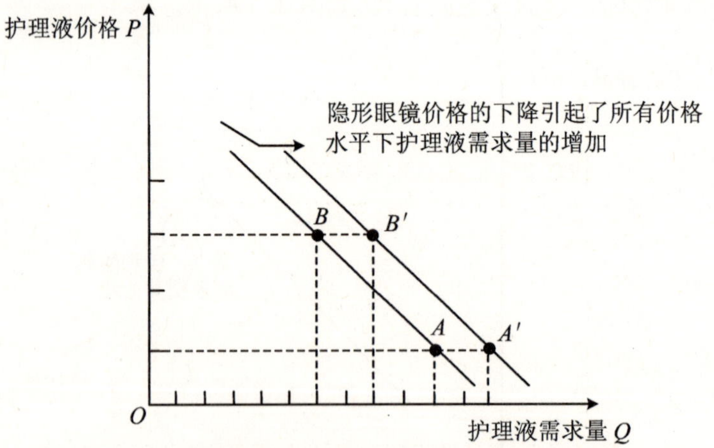

图 2.7　隐形眼镜价格变化时,护理液需求曲线变化图

此商品价格下降(上涨)带来彼商品需求的增加(减少),需求曲线会与相关商品价格的变动保持反向,这两种商品,比如隐形眼镜和护理液,就互为互补品。

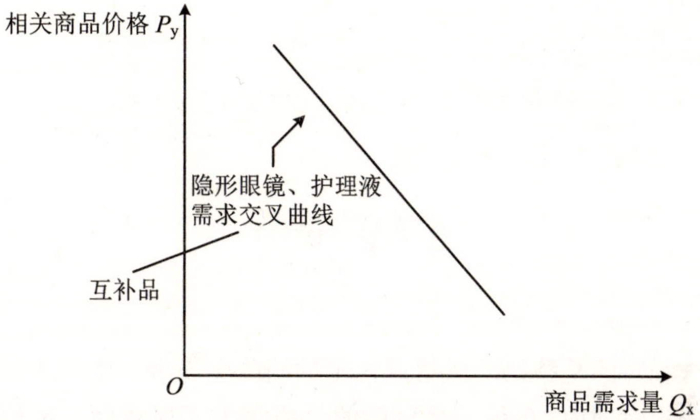

图 2.8　隐形眼镜、护理液需求交叉曲线

当然消费者偏好的变动也会带来需求的同向变动,乳酸菌有益于身体健康、碳酸饮料对身体不利等报道会带来消费者增加对酸奶、减少对可乐的偏好,酸奶和可乐的需求曲线也会相应向右或向左移。

除了这些,消费者对商品价格的预期、消费者的人数、消费者的性别、年龄、政策、不确定因素等都会引起需求变动。可以这样说,当一个既不能用横轴也不能用纵轴表示的变量变动时,整条需求曲线将发生移动,如图 2.9 所示。

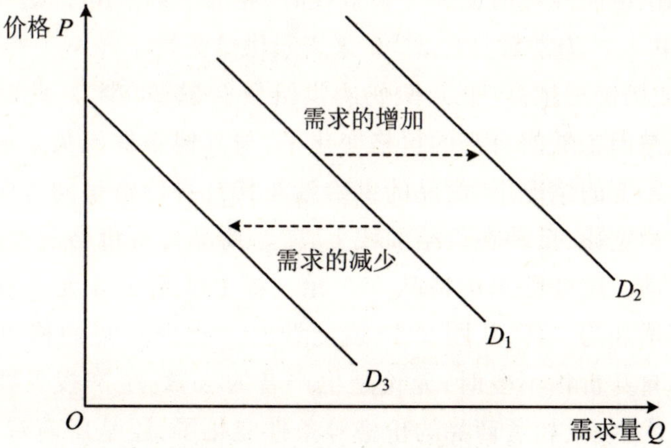

图 2.9　整条需求曲线的移动

在酸奶市场上，对酸奶的需求可以分为个体需求和市场需求。个体需求是单个消费者在每一可能的价格水平下愿意而且能够购买的酸奶数量的组合。市场需求是酸奶市场上所有个体需求的加总，也就是每一可能价格水平下，所有单个消费者愿意而且能够购买的数量加总的结果。能够影响酸奶市场价格的不是个体需求，而是以个体合成的市场需求。一旦价格确定，个体需求会受市场价格的指引。

酸奶的供给

和需求相对的是酸奶的供给源自于酸奶的生产者。生产者对商品的供给表示为一定时期内，在每一个可能的价格水平下愿意而且能够提供的商品和劳务的数量。可见，商品的供给同样要兼备提供的意愿和能力，两者缺一不可。

酸奶的供给和酸奶的需求一样可以通过供给表、供给曲线和供给方程来表示，如图 2.10 所示。当酸奶价格为 0.5 元一杯时，酸奶生产者 A 愿意而且能够提供的数量为 1 杯；如果酸奶价格上涨到 1.5 元一杯时，生产者 A 愿意而且能够提供的数量会增加到 3 杯。这种酸奶价格上涨引起了酸奶供给量呈同方向变动的关系反映在价格－数量坐标轴内，就可以得到一条方向向上的酸奶供给曲线。

当酸奶供给曲线被简化为一条直线时，经济学家采用了 $Q_s = -c + d \cdot P$ 来表示，其中，c、d 为常数且 c、$d > 0$ 来表示供给函数。

显然，酸奶价格越高（低），酸奶的供给量会越多（少）。此时，酸奶供给量的变化只是因为酸奶自身的价格变化了，与其他条件无关。一般而言，在其他条件都不变的情况下，商品的供给量与其自身价格呈同方向变动，这就是所谓的供给定律，反映在供给曲线上，就是商品自身价格的变动带来了曲线上点的移动。比如酸奶价格从 0.5 元一杯上涨到 1.5 元一杯时，酸奶供给量从 1 杯增加为 3 杯，从图 2.10 就能看出 A 点到 B 点的移动。

当商品自身价格不变时，无论是生产者的人数、生产投入要素的价格、生产者的技术水平、相关商品的价格等条件变化了，还是厂商对未来价格的预期抑或政策以及不确定因素发生了，都会带来商品供给的变动，表现为商

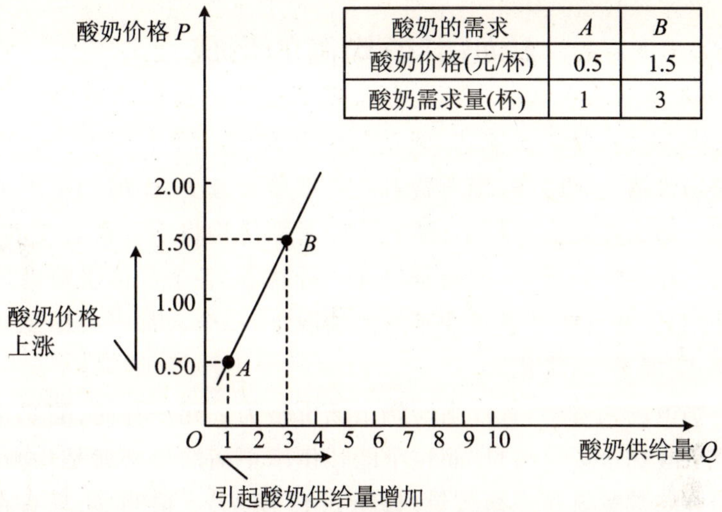

酸奶供给表

酸奶的需求	A	B
酸奶价格(元/杯)	0.5	1.5
酸奶需求量(杯)	1	3

图 2.10　整条需求曲线的移动

品整条供给曲线的移动,如图 2.11 所示。

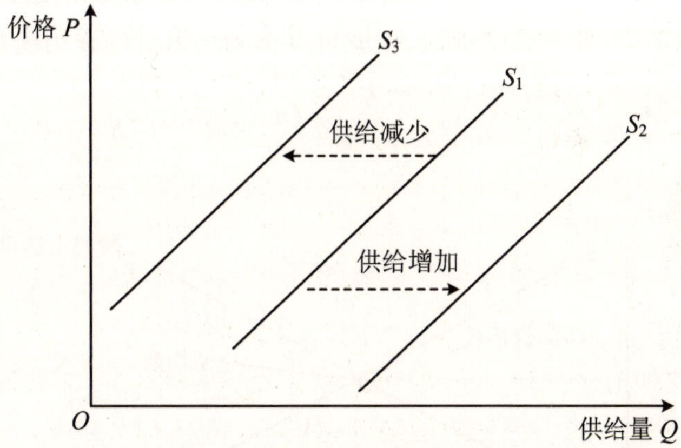

图 2.11　整条供给曲线的移动

在酸奶市场中,酸奶供给也分为个体供给和市场供给。个体供给就是单个生产者在每一可能的价格水平下愿意而且能够提供的酸奶数量。市场供给就是酸奶市场上所有个体供给的加总,也就是每一可能价格水平下,所有单个生产者愿意而且能够提供的数量加总的结果。能够影响酸奶市场价格的不是个体供给,而是所有个体合成的市场供给,一旦价格确定,个体供给会受价格指引。

酸奶市场均衡的形成

当酸奶价格上升时，酸奶消费者的需求量会减少，而酸奶生产者的供给量会增加。那么在什么条件下，酸奶的产量和价格将不会再有变动，达到市场均衡呢？在经济分析中，均衡是这样一种状态：各个经济决策者所做出的决策正好相容，并且在外界条件不变的情况下，每个人都不会愿意再调整自己的决策，实现了"最优化"。

就酸奶市场来看，当且仅当酸奶市场价格为2元一杯时，酸奶市场需求量恰好等于酸奶市场供给量，而这个能让供求平衡的价格就是均衡价格，能令供求相等的数量就是均衡数量(如图2.12所示)。很明显，只有在某一种价格水平下，消费者愿意购买的数量恰好等于生产者愿意提供的数量，此时，该商品市场出清了，市场均衡实现了。在酸奶市场 P-Q 坐标轴内，市场均衡点作为一个二维变量，是酸奶市场需求曲线和市场供给曲线的交点。通过联立酸奶的需求和供给函数，也就可以得到均衡价格和均衡数量的结论。

$$\begin{cases} Q_d = a - b \cdot P \\ Q_s = -c + d \cdot P \end{cases} \quad (a,b,c,d > 0)$$

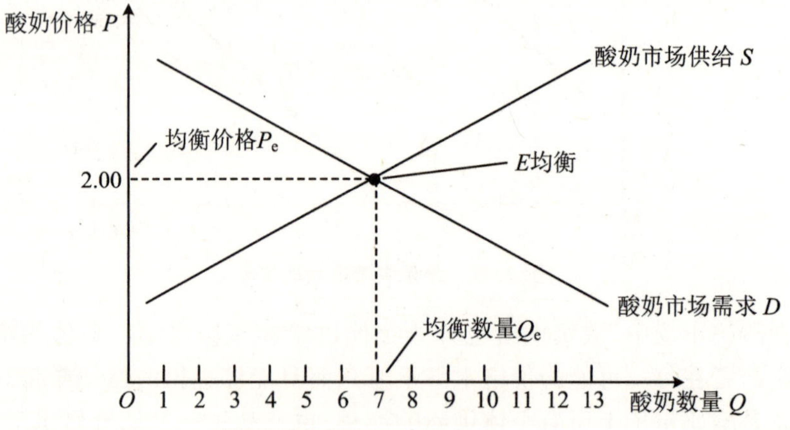

图2.12 酸奶市场均衡的形成

市场均衡是在"看不见的手"指引下自发运行的结果，即使市场常常处于非均衡状态，也无需政府的干预。比如酸奶价格为2.5元一杯时，市场需求量为 4 杯，供给量为 10 杯，酸奶市场就会出现供给量超过了需求量(供过于求，表达成供给大于需求并不严谨)，市场上对酸奶的评价就会变差，酸奶价格就有下降的压力。一旦酸奶价格下降，酸奶的消费者就会增加需求量，酸奶的生产者也会减少供给量，直到市场恢复出清，其示意图如图 2.13 所示。

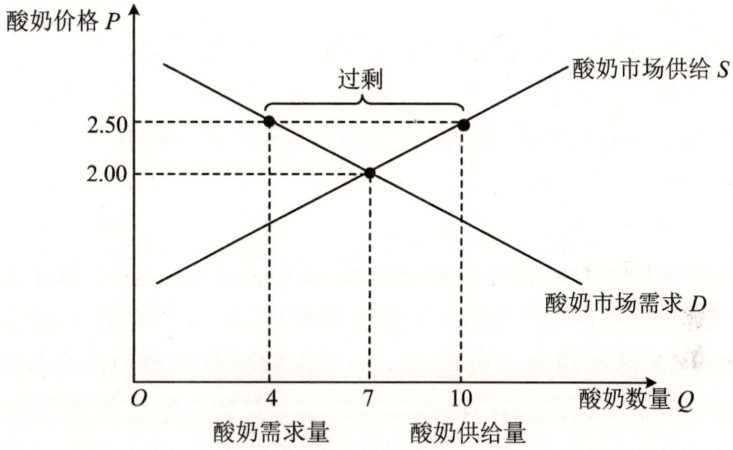

图 2.13　酸奶市场超额供给

如果酸奶价格为 1.5 元一杯时，市场需求量为 10 杯，供给量为 4 杯，酸奶市场就会出现供给量小于需求量(供不应求，表达成供给小于需求并不严谨)。市场上对酸奶的评价就会变好，酸奶价格就会上涨，带来酸奶的消费者减少需求量，酸奶的生产者增加供给量的行为，直到市场恢复出清，其示意图如图 2.14 所示。

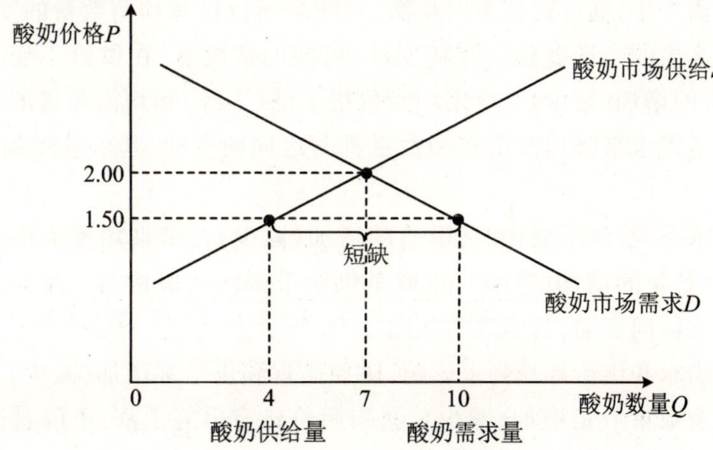

图 2.14　酸奶市场超额需求

由此，正是在“看不见的手”的指引下，市场总能恢复到均衡状态，既没有过剩也没有短缺，其结果正好出清。就像拉尔夫·瓦尔多·爱默生所言：“大海的表面很难保持平静，社会价值的均衡更是如此。它是由供求决定。人为的或法律的东西，往往因为生产过剩和企业破产而反过来惩罚它们自己。”

酸奶市场的比较静态均衡分析

酸奶市场均衡的形成是由酸奶市场的供求共同决定的，就酸奶的需求函数和供给函数来说，这是建立在外生变量(a,b,c,d)给定时，决定内生变量(P_e 和 Q_e)的静态均衡分析过程。一旦影响酸奶市场均衡的外生变量部分或全部发生了变化，酸奶的价格和最终交易量就会跟着发生变化，比如生产酸奶用的牛奶涨价了，就会带来酸奶生产成本的增加，酸奶的供给会减少，酸奶的供给曲线会左移，并带来新的均衡，当比较新旧市场均衡时，这就是市场均衡的比较静态分析。事实上任何影响供求的条件出现了，都会引起原有均衡的打破和新均衡的建立。

市场均衡的比较静态分析要求，当条件出现时，首先要判断这种条件是影响了需求还是供给，抑或需求和供给同时受到影响；其次要判断这种条件是增加了还是减少了需求和供给，也就是要确定需求和供给变动的方向；最后新的均衡产生，通过比较新旧均衡，判断均衡价格和均衡数量的变动结果以及相继产生的市场变化。伴随变动，可能的情况有：在供给不变，需求变化时，需求的增加(减少)会带来均衡价格上涨(下降)和均衡数量的增加(减少)，也就是需求带来均衡价格和数量都与之同向变动，其示意图如图 2.15 所示。

在需求不变，供给变化时，供给的增加(减少)会带来均衡价格下降(上涨)和均衡数量的增加(减少)，也就是供给带来均衡价格与之反向变动，均衡数量与之同向变动，其示意图如图 2.16 所示。

如果需求和供给都受到了影响，比如需求和供给都增加(减少)，能够确定的是均衡数量一定增加(减少)，而均衡价格有可能上涨、下降甚至不变，这是因为需求和供给同时增加(减少)时，需求增加(减少)伴随均衡价格的上涨(下降)而供给增加(减少)却带来均衡价格的下降(上涨),所以均衡价格最终变动的结果要取决于需求和供给变化的幅度比较。

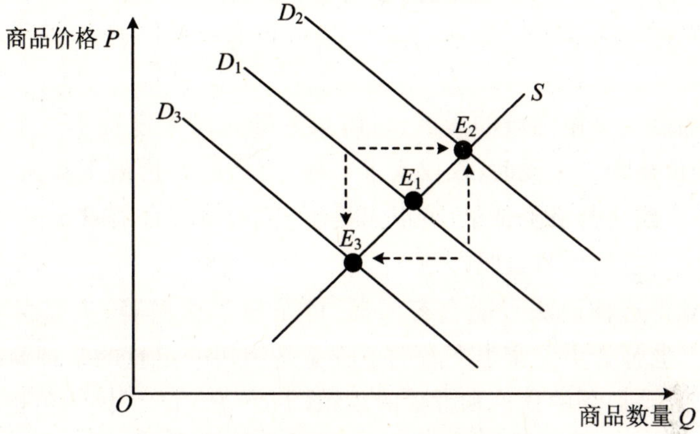

图 2.15　供给不变时,需求曲线的移动

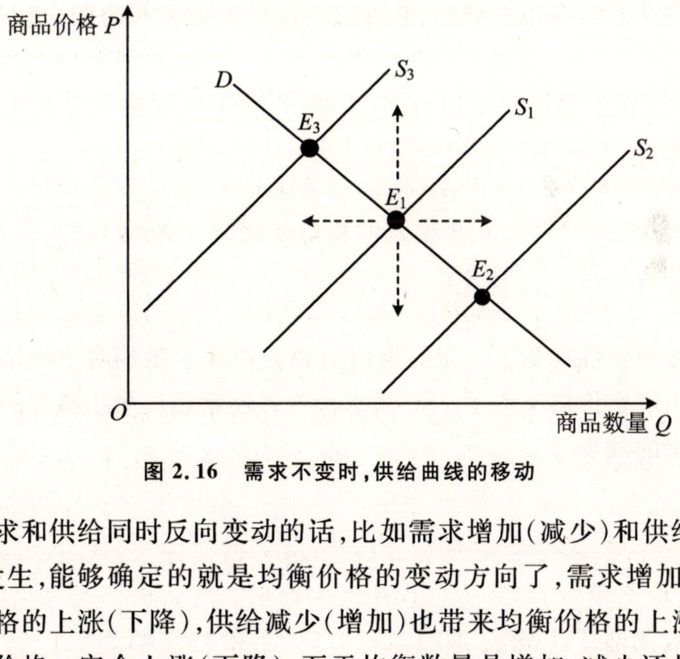

图 2.16　需求不变时,供给曲线的移动

但需求和供给同时反向变动的话,比如需求增加(减少)和供给减少(增加)同时发生,能够确定的就是均衡价格的变动方向了,需求增加(减少)伴随均衡价格的上涨(下降),供给减少(增加)也带来均衡价格的上涨(下降),所以均衡价格一定会上涨(下降),至于均衡数量是增加、减少还是不变,就取决于需求和供给变化的幅度比较了。

尴尬的薄利多销

来到临近 2 号馆出口的展区,讲解员老师又给大家提了一个有趣的问题:当酸奶价格为 1.5 元时,仅仅卖了 6 杯;而当酸奶价格下降为 0.5 元时,卖了 10 杯。酸奶价格降低了,可以卖得更多,这是符合需求定律的,但这一定能增加生产者的总收益吗?

大家觉得这种说法可能会有问题,可是该怎么解释,大家又觉得有困难。讲解员老师告诉大家生产者的总收益是销售一定量的某种商品所获取的全部收入,是商品的售价和数量的乘积($TR=P\cdot Q$)。因为价格和消费者的需求量之间存在着反向关系,总收益会受价格的变化而变化,需要用到弹性分析法。

弹性是个非常有用的概念,它表示在存在相关关系的两个变量之间,因变量的相对变化与自变量的相对变化的比值。也就是计算自变量变化 1 个百分点,因变量要变化几个百分点,反映了因变量对自变量变化的敏感程度。其公式为

$$\text{弹性}=\frac{\text{因变量的相对变化}}{\text{自变量的相对变化}}=\frac{\Delta Y/Y}{\Delta X/X}$$

$$e=\frac{\Delta Y/Y}{\Delta X/X}=\frac{\Delta Y}{\Delta X}\cdot\frac{X}{Y}$$

需求价格弹性衡量了一定时期内消费者的需求量相对于价格变动的敏感程度。当酸奶价格上涨了 1%,需求价格弹性就能衡量出酸奶的需求量会有多大程度的减少。

$$e_{\mathrm{d}}=\frac{\dfrac{\Delta Q}{Q}}{\dfrac{\Delta P}{P}}=\frac{\Delta Q}{\Delta P}\cdot\frac{P}{Q}$$

如果酸奶涨了 1 元钱,即 1.5－0.5＝1,价格涨幅为 200%,即(1.5－0.5)/0.5＝200%,这引起数量从 10 减少为 6,数量减幅为 40%,即(6－10)/10＝－40%,所以酸奶的需求价格弹性为－0.2,即－40%/200%＝－0.2,表示了酸奶价格每上涨 1%,就会引起需求量相应减少 0.2%。

可是当酸奶价格从 1.5 元下降为 0.5 元时，需求量从 6 杯增加为 10 杯，酸奶价格下降了 66.7%，即(0.5－1.5)/1.5＝－66.7%，酸奶数量相应增加了 66.7%，即(10－6)/6＝66.7%，所以酸奶的需求价格弹性为－1，即 66.7%/－66.7%＝－1，表示了酸奶价格每下降 1%，就会引起需求量相应增加 1%。

这里的“－”(负号)说明了价格与需求量之间是反向变动的，并不是用来衡量弹性系数大小的，敏感程度以绝对值来定论，比如需求价格弹性分别为－0.2 和－1 时，－1 说明敏感性更强，而不是－0.2，所以推荐给需求价格弹性公式加上一个“－”来取正。

$$e_{\mathrm{d}}=-\frac{\frac{\Delta Q}{Q}}{\frac{\Delta P}{P}}=-\frac{\Delta Q}{\Delta P}\cdot\frac{P}{Q}$$

这里，同样的 0.5 元到 1.5 元的价格区间，只是因为价格变动的方向不同(从 0.5 元上涨到 1.5 元或从 1.5 元下降到 0.5 元)，作为出发点的价格和数量就会不同，需求价格弹性就会不同。为了避免这个问题，通常在计算时会采用中点公式，价格和数量都用两点的平均值。

$$e_{\mathrm{d}}=-\frac{\frac{Q_2-Q_1}{(Q_1+Q_2)/2}}{\frac{P_2-P_1}{(P_1+P_2)/2}}$$

这样，无论酸奶价格是从 1.5 元下降为 0.5 元还是从 0.5 元上涨为1.5，酸奶价格变化了 100%，即 1/[1/2(1.5+0.5)]＝100%，需求量也相应变化了 50%，即 4/[1/2(10＋6)]＝50%，酸奶的需求价格弹性为 0.5(0.550%/100%＝0.5)，也就是酸奶价格每变动 1%，就会引起需求量反向变动 0.5%。

$$\left|\frac{1.5-0.5}{(1.5+0.5)/2}\right|=100\% \qquad \left|\frac{6-10}{(6+10)/2}\right|=50\%$$

$$e_{\mathrm{d}}=\left|\frac{\frac{6-10}{(6+10)/2}}{\frac{1.5-0.5}{(1.5+0.5)/2}}\right|=0.5$$

不同商品的需求价格弹性的大小会有所不同，而同一商品对不同人、不同地点和时间而言也会有所不同，如果 $e_{\mathrm{d}}>1$，需求富有弹性，需求量对价格变化很敏感；如果 $e_{\mathrm{d}}=1$，单元弹性(unitary elasticity)，需求量变化很稳定；

若 $0<e_d<1$,需求缺乏弹性,需求量对价格变化不敏感;极端情况下 $e_d=0$ 或 ∞,表明需求完全无弹性和完全弹性。

引起商品需求价格弹性大小有差异的原因主要有商品可替代的程度,商品对消费者生活的重要程度、商品消费支出在消费者预算支出中所占的比重、消费者调整需求量所需要的时间等。如果能够替代酸奶的饮品越少,酸奶对日常生活越重要、预算支出比重越小、酸奶涨价后容消费者变动选择的时间越短,需求价格弹性越小;反之,越大。

那么需求价格弹性是大还是小,与总收益之间有什么关系呢?

假如酸奶价格从 0.5 元一杯上涨为 1.5 元一杯,引起了酸奶交易量从 10 杯减少为 6 杯,价格上涨前厂商的收益为 0.5×10=5 元,上涨之后 1.5×6=9 元,说明价格上涨对厂商有利。

当依据中点公式计算出酸奶的需求价格弹性为 0.5 时,酸奶是一种缺乏弹性的商品,酸奶交易量虽然减少了 50%(10 杯减少为 6 杯),但是每杯酸奶多卖了 1 元(0.5 元上涨为 1.5 元),价格的涨幅为 100%,这超过了数量的减幅 50%。这样,价格上涨引起的收益增加量就超过了数量减少引起的收益减少量,总收益从 5 元增加为 9 元,酸奶厂商增加了总收益,其示意图如图 2.17 所示。但如果酸奶价格从 1.5 元下降为 0.5 元,数量虽然增加了 50%,价格却下降了 100%,价格的降幅超过了数量的增幅,所以,数量增加引起的收益增加量并不能弥补价格下降引起的收益减少量,总收益从 9 元减少为 5 元,酸奶厂商遭受了损失,其示意图如图 2.18 所示。由此看来,薄利多销未必是件好事!

只有当商品需求价格弹性较小时,厂商才应该适当提价;对于需求价格弹性较大的商品,厂商才应该适当降价,实现薄利多销。

看来,市场中最基本的最重要的力量就是需求和供给。逛完了 2 号馆,我们知道了需求和供给两者反映了在价格变化时需求量和供给量会与之对应变化。酸奶的供求共同决定了酸奶市场均衡价格和均衡数量,一旦有任何影响酸奶市场需求或供给的条件产生,酸奶市场原有均衡就会被打破,形成新的均衡。当比较新旧均衡价格和数量,就形成了酸奶市场的比较静态均衡分析,新均衡下价格可能会更高也可能会更低,数量可能更多也可能更少,而用低价促销酸奶不一定就是明智的决策。要想通过变动价格来增加总收益,离不开商品的需求价格弹性。

	提价前	提价后	相对变动
酸奶价格(元/杯)	0.5	1.5	涨幅100%
酸奶交易量(杯)	10	6	减幅50%
酸奶总收益(元)	5	9	弹性=0.5

价格上涨引起的收益增加量超过了数量减少引起的收益减少量

图 2.17　缺乏弹性的商品应该适当提价以增加总收益

	降价前	降价后	相对变动
酸奶价格(元/杯)	1.5	0.5	跌幅100%
酸奶交易量(杯)	6	10	增幅50%
酸奶总收益(元)	9	5	弹性=0.5

价格下降引起的收益减少量超过了数量增加引起的收益增加量

图 2.18　富有弹性的商品应该适当降价以增加总收益

3 幸福的艺术

Buffy's Economics Journey

今天在去乐园的公交车上，身旁坐了一对母子，那位母亲一直在给小朋友讲着故事。小朋友看来对兔小妹和猫大哥争论的问题——“世界上什么东西最好吃”非常感兴趣，于是，母亲让小朋友来猜一猜兔小妹和猫大哥最喜欢吃的是什么。

小朋友很聪明，回答道：“妈妈，我觉得兔小妹最喜欢吃萝卜了，猫大哥最喜欢老鼠了。”有道理！小朋友答得不错，萝卜在兔小妹看来肯定是又甜又脆又解渴。可是猫大哥对兔小妹的喜好很不屑，因为在它心里，这世上最好吃的能有什么比得过老鼠呢？

母亲听了后就问小朋友，如果兔小妹和猫大哥的想法不一样，而且吵了起来，他们会怎么办呢？机灵的小朋友连忙说：“妈妈，兔小妹和猫大哥有没有老师呢？他们可以去找老师啊！”哈哈，必须给小朋友点赞，知道找人评理了。

果不其然，争论不休、相持不下的兔小妹和猫大哥，最后决定去找阅历丰富、见多识广的猴大叔给评评理。可是，猴大叔又会帮谁呢？

这下小朋友可是犯了难了，“妈妈，我猜不出猴大叔会帮兔小妹还是猫大哥，妈妈你说猴大叔到底会帮谁呢？”

“妈妈觉得猴大叔肯定谁也不帮。”

“为什么呢？”

“宝贝你想想，兔小妹觉得萝卜最好吃，猫大哥不同意，是因为猫大哥喜欢的是老鼠，对不对啊？……”

“啊，妈妈，妈妈，妈妈，我知道了！”看来小朋友有了好主意，迫不及待地打断了他妈妈的话。

“你知道什么啦？”妈妈笑着问小朋友。

“因为猴大叔喜欢吃的是桃子，它肯定谁也不同意，妈妈我说的对吗？”

“啊呀，宝贝你真棒，就是这样的。猴大叔听了兔小妹和猫大哥为什么吵起来的原因后，就忍不住哈哈大笑起来，他说世界上最好吃的东西非桃子莫属了，因为猴大叔觉得桃子不但长得漂亮，粉粉嫩嫩招人喜欢，而且美味可口，吃了还能使身体棒棒呢！”

哈哈，当兔小妹和猫大哥听了猴大叔的一番话，大吃一惊，全都直摇头。看来啊，他们的意见是很难统一喽。可惜还没听完这位有爱的母亲怎么继续引导小朋友，给小朋友以合理的解释，公交车就到站了。下了车，我和小伙伴们聊起了公交车上母子俩关于“世界上什么东西最好吃”的故事，大家纷纷表示这还不就是“萝卜青菜，各有所爱”“甲之佳肴，乙之毒药”嘛！“世界上到底什么最好吃”完全取决于个人的心理感受，源自于人们对事物的主观评价，其结论自然是见仁见智的。无论兔小妹吃萝卜、猫大哥吃老鼠还是猴大叔吃桃子都是为了满足他们自己的欲望，他们当然也会因为“吃”给自己带来幸福的感觉。可是当他们吃上了各自喜欢的萝卜、老鼠和桃子时，他们感受到幸福有多强呢？有没有办法衡量出来呢？

我们边走边聊很快就到了乐园门口。入园后，直奔3号馆，当我远远地看到3号馆屋顶的馆名“幸福的艺术”时，我忽然一下就有了找到答案的感觉。记得曾经从一本书上看到过世界著名的语言大师乔治·伯纳·萧说过这样一句话：“经济学是一门使人生幸福的艺术。”那时的我就一直疑惑着经济学会怎样衡量人生的幸福呢。如今，爱吃萝卜的兔小妹、爱吃老鼠的猫大哥还有爱吃桃子的猴大叔，你们的幸福有依据了！

幸福是什么？

3 号馆的讲解员老师告诉我们，为了衡量幸福感的大小，经济学家采用了“效用”一词，也就是通过“效用”及其大小来衡量一定时期内消费者在消费商品时所感受到的满足程度。效用不同于商品的使用价值。使用价值是商品的物质属性，应该是物的有用性，它是客观存在的。比如衣服可以保暖，食物可以充饥，书籍可以增长知识等，衣服、食物、书籍的用途不因人、因时、因地而异，总是存在的。而人们通过穿衣、进食、读书所感受到的满意程度才是效用，这种满意程度当然会因人、因时、因地而异，就像羽绒服的保暖性能一年四季都有，在寒冷的北方和在闷热的南方得到相同的一件羽绒服，穿上后所感受的满意程度显然是不一样的。商品给消费者带来的效用会因为时间、地点不同而有所差异。

这样看来，兔小妹、猫大哥和猴大叔不能在“世界上什么东西最好吃”的问题上达成一致，同样也是因为萝卜、老鼠和桃子给他们每一位带来的满意度是不一样的。可见效用除了会因时因地而有所不同，也会因人而异。就算猴大叔再喜欢吃桃子，如果哪一天它受凉了，身体不舒服，吃了寒性的桃子会加剧病症，这时吃桃子就只能带来很少的满意度，从吃桃子中获得的效用就会减少，甚至为负。

经济学家保罗·萨缪尔森曾提出了一个幸福方程式：幸福＝效用/欲望。在公式中，幸福已经被当作一个经济问题来研究，即幸福等于效用与欲望之比。当欲望既定时，效用越大越幸福；当效用既定时，欲望越小越幸福。但是，如果把欲望作为无限的，这个公式就没有意义了。因为无论效用有多大，只要它是一个既定的量，与无限的欲望相比，也毫无幸福可言了。

所以，从经济学的角度研究幸福时，通常会假定欲望是既定的，这种假定与现实并不矛盾。因为尽管从发展的角度看，欲望是无限的，表现为一个欲望满足之后又会产生新的欲望，可是在一个欲望未满足前，通常可以把这个欲望作为既定的。毕竟人是在吃饱穿暖后才产生了其他方面欲望的。当欲望为既定时，人的幸福就取决于效用。因此，人们可以简单地把追求幸福最大化等同于追求效用最大化。

经济学家采用了两种方式去衡量效用水平。一种是采用基数的形式，所谓基数就是 1,2,3,…这样的具体数字，也就是商品带给消费者的满意程度和长度、重量一样，可以用具体的数字来表示，比如吃一块巧克力是 3 个单位的效用，喝一杯牛奶是 4 个单位的效用，而且不同商品的效用大小可以加总求和。但是有的经济学家觉得效用大小毕竟不像一块巧克力的重量、一杯牛奶的容量那样可以通过计量工具衡量出来，如此主观的心理感受利用具体的数字来反映会不够合理。所以又采用了另一种方法，也就是用序数的形式，也就是利用第一、第二、第三……这样的包含次序的序数在不同商品或商品组合之间进行排序，由此来反映消费者的偏好。比如观看一场足球赛对男生而言效用是第一的，而观看一部浪漫偶像剧对女生而言效用是第一的。当利用序数衡量效用时，其大小不能也无法进行加总。

饮水的幸福评价

基数效用论者认为效用有总效用(TU)和边际效用(MU)之分。一定时期内消费者通过消费商品获得的总效用与所消费商品数量有关，而边际效用与既定消费数量下总效用的变化量有关。为此，展区二播放的情景剧记录了一个发生在大学操场上的故事。

小轩解渴记

一杯、两杯……六杯，小轩终于从干渴到不渴了。连续的饮水让小轩不再渴了，而第一杯、第二杯……第六杯，每新增的一杯水对小轩的干渴程度的缓解释放了不同程度的力量。

小轩，都跑了十几圈了
快过来休息一下吧！
水，水……
咕噜~咕噜~咕噜
咕咚……咕噜
呃，小轩，你，你是水牛么？
嗝，爽……

热爱运动的小轩在操场上跑了好几圈，跑得口干舌燥时，没有什么比水更好的东西了。那么，小轩通过连续小杯喝水后所得到的满意程度的总和就是一定时期内水为小轩所带来的总效用。小轩在连续喝水过程中，每多喝一小杯水，他体内的干渴程度随着水的不断摄入也在连续发生着变化，随着体内干渴程度不断被缓解，小轩获得的满意程度不断降低，这是由于新增一小杯水给他带来的满意程度的变动量就是喝水后总效用的变化量，也就是小轩喝水的边际效用。

表3.1中统计了小轩喝水的效用。喝完第一杯水，小轩获得了20个单位的总效用；喝完第二杯水后，小轩的总效用增加到36个单位；直到喝完第七杯水，小轩的总效用是56个单位。但是小轩在喝完第五、第六杯水时，总效用达到了60个单位，第七杯水让小轩的总效用减少了。减少意味着喝完第七杯水后，小轩的满意程度不但没有增加，反而感觉糟糕了，这样一来，还不如不喝。那这是什么原因呢？

表3.1　小轩喝水的效用

水的数量(小杯)	总效用	边际效用
1	20	20
2	36	16
3	48	12
4	56	8
5	60	4
6	60	0
7	56	−4

大伙在一起仔细观察了小轩连续喝水时的总效用水平后，发现小轩从喝第一杯水之后，连续喝水一度为他带来了更高的总效用水平，直到第六杯水喝完与第五杯水喝完毫无差别。每多喝一杯水，小轩得到的总效用的变化量也就是边际效用在不断减少。也就是总效用增加的速度越来越慢，直到最高水平时，效用的变化量为零($MU=0$)。此时，再喝下去，总效用就开始减少了。

在消费商品的过程中，消费者心理上会有一种感觉，经济学家把它称为心理上的“先验的”规律。所谓先验，是指不能加以证明而仅凭大家的经验就可以认同的规律。边际效用递减规律就是经济学家用来形容消费者心理上这种感觉的规律。所谓边际效用递减规律是指在一定时期内,消费者在其他商品的消费数量不变的条件下,如果连续增加对某种商品的消费,从增加的每一单位该商品的消费中所获得的效用变化量是递减的,也就是对小轩来说,他喝下的第一杯水是让他感受最甘甜的一口,第一单位的总效用和边际效用是一样的,边际效用在第一杯水时达到最大。可是仅仅靠一口水是不能为他解决干渴问题的,连续饮用之后,体内干渴程度不断得到了缓解。与此同时,随着水的不断摄入,小轩从水中接受到的重复刺激程度越来越弱,新增的任何一单位水都不能像第一杯入嘴时令小轩感觉那么好,而且当干渴问题已经解决后,仍然要求小轩继续喝下去,他的肚子会感觉越来越涨,也越来越不舒服,甚至痛苦,饮水过度只能让总效用减少。所以连续消费一种商品时,消费者达到效用最大化(幸福最大化)的条件就是 $MU=0$,对小轩来说,喝 6 杯水就是最好的决策了。

动画片《麦兜故事》中的小朋友麦兜,他非常想吃火鸡,麦兜妈妈如他所愿买回火鸡时,他很开心;帮母亲一起烤火鸡的时候,他很快乐;和母亲一起吃火鸡欣赏圣诞焰火的时候,他很幸福。但是,当这只火鸡吃到了来年的中秋节,小朋友麦兜从月饼里发现了火鸡鸡丝的时候,他扑到母亲怀里痛哭起来。一只火鸡吃了十多个月,从开始的享受变成了最后的痛苦。

想起小时候妈妈给我买了本安徒生童话，我特别喜欢童话中的豌豆公主，甚至为她所惊叹，因为只有真正的公主才能够感知压在20层床垫和20床鸭绒被下面的一粒小豌豆，除了她，任何人都不会有如此娇嫩的皮肤。但是如果这位公主曾经睡在下面摆放了豌豆的床垫上，可以想象王子和他的母亲靠豌豆来验证公主身份实在是很不明智。

边际效用递减的情形很具有普遍性。比如，钱作为日常交易的媒介，大家每天都离不开，虽然大家常感叹钱不是一切，但没钱就是个问题，不具备支付能力，生活所需最基本的条件都达不到或仅仅达到而谈不上生活质量。所以很多人都同意“钱越多越好”，但“钱越多越好”是不是说明了对钱的拥有不符合边际效用递减规律呢？

假如给一个身无分文的流浪汉 1 元钱，之后如果一直以 1 元钱的速度增加对流浪汉的资助，直到他拥有了 100 万后，再给他 1 元钱，第一个 1 元和第 101 万个 1 元价值相同，但给流浪汉的感觉会有什么不同呢？这位流浪汉得到的第一个 1 元钱给他带来的效用变动量是最大的，成为百万富翁后，第 101 万个 1 元钱给他带来的效用变动量几乎趋近于零。

钱越多越好只是说明了钱多带来的幸福感(总效用)会一直递增。很可能不同于一般商品拥有几十个单位的数量后就会出现幸福感(总效用)的减少。需要很大的数量才会到达幸福感最强(总效用最大)，或者最强幸福感迟迟没有出现是因为钱的数量还不能令人满足，也再次体现了边际效用递减和总效用递增不矛盾，只不过边际效用递减使得总效用以递减速率也就是一种越来越慢的速度在递增，直到递增停止——达到最大值，然后开始递减。

值不值的学问

消费者通常为商品意愿支付的价格取决于消费者的心理评价，它不同于实际交易的市场价格。市场价格取决于商品的市场供求，市场价格会恰好与某一个意愿价格相一致。杉杉遇到一件中意的衣服，她会很理性地感觉到买得值不值，这在于杉杉为这件衣服意愿支付的价格是不是高于市场价格。如果杉杉心里愿意为这件衣服付出800元，但这件衣服只卖500元，杉杉会在心理上得到了幸福，这种意愿支付与实际支付的差额就是“消费者剩余”。它是一种福利的评价，差额越大，带来的幸福感越多，感觉越值。

可是如果杉杉想再多买一件甚至更多件时，她意愿支付的价格还会是800元吗？按照需求定律，如果买两件，杉杉的意愿价格就应该比800元要少，比如700元；如果买3件，意愿价格会比700元更少，比如600元；当数量增加为4件时，意愿价格就更少了，比如500元，所以当购买数量为4件时，杉杉的意愿支付价格和实际支付价格相等时，消费者剩余消失了，只要买得比4件少，她的意愿支付价格总会比实际支付的价格要高，杉杉就会在心理上获取消费者剩余。比如买3件时，杉杉意愿支付600×3=1800元，而她实际支付500×3=1500元，所以杉杉获取了300元的剩余。这并不是说杉杉的口袋里多了300元，而是心理上感觉值了。如果其他条件不变，只有市场价格进一步下降，这件衣服只卖400元，显然在过去买4件时不存在的消费者剩余，由于价格的下降出现了。可想而知，包括杉杉在内的消费者们常常希望市场价格越低越好，是因为越低的市场价格能为他们带来更多的消费者剩余。

可是消费者意愿支付的价格为什么会与需求量反向变动呢？基数效用论者认为，商品的需求价格是取决于消费商品的边际效用而不是总效用，需求量越少，最后一单位商品所带来的效用变化量(边际效用)会越多；反之，就会越少。比如，对于消费者来说，款式相同颜色也一样的同类衣服，消费者会为拥有2件和拥有6件给出的意愿价格(心理上最高价格)是不一样的，尽管实际交易时无论你买几件都是同一个市场价格。因为总量为2件时，第二件带给消费者的效用变动量(边际效用)是高于总量为6件时，第六件带给消费者的效用变动量(边际效用)，当然即使是一样的衣服，消费者也会因为6件比2件享有更多的幸福感，毕竟自己穿不了，还可以捐赠之类。但是边际效用在随着衣服数量的不断增加而不断下降时，总量为2件时，由于第二件的效用变动量较大，所以意愿给的价格会较高，随着数量不断增加，为第六件意愿给的价格随着边际效用的不断下降也越来越少了。

亚当·斯密在《国富论》中就提到了"水-钻"价值存在悖论。水对生命极其珍贵,而钻石作为奢侈品对生活的重要性远远抵不上水,然而水用吨来计价,其价格远远低于以克拉计价的钻石。通常对于这种价格与重要性背离的现象做出的最简单回答莫过于一句"物以稀为贵"了,这种"稀"则"贵"的逻辑通过基数效用论有关"边际效用价值决定论"来解释就非常清晰了。水的总量巨大,钻石数量稀缺,人们从最后一单位水中所得到的边际效用远远小于从最后一单位钻石中得到的边际效用。价格取决于边际效用而不是总效用,所以水的价格要远远低于钻石的价格。可以想象,水的数量如果和钻石一样稀缺,其价格一定会远远高于钻石的。不过,人们不能忽略水的价格虽然低,却不妨碍它比钻石为公众带来更大的社会福利。

大树的幸福

展区四的演播厅里继续上演着小轩的好伙伴大树的故事。

大树的幸福在哪里

偏好反映了大树喜欢什么，收入决定了大树买得起什么，大树最终能否实现幸福最大化就取决于他在偏好的导引和收入的限制下会选择什么。

每月有着1200元生活费的大树，因为选择不够合理，所以支出不够理性，很难实现效用——也就是幸福的最大值。事实上，消费不同商品或一种商品的不同数量时获得的效用大小作为一种心理感受很难度量。不仅如此，当涉及两个消费者的效用比较时，这一问题更为突出。序数效用论用次序或等级来表示商品的效用取代了具体数字的衡量方式，消费者即使无法确切知道每种商品究竟有多少效用单位，但却能够按照自己的主观评价，判断自己对某种商品的喜好是否超过对另一种商品的喜好，或说是排列出所消费的各种商品或商品组合的效用高低。换句话说，也就是"此商品是否比彼商品更值得偏好"。

消费者常常会消费多种商品，但一定时期内消费者可支配用于消费商品最重要的资源（譬如消费者的收入）却是有限的，所以如何以有限的收入从商品的消费中达到总效用最大化，关系到消费者的理性选择。为此，序数效用论者采用了无差异曲线和预算线这两个工具分析了幸福（总效用）最大化的实现条件。

假如大树很喜欢在休息的时候打打羽毛球、看看电影。在他看来，每个月打 2 次羽毛球和看 4 场电影或者每个月打 3 次羽毛球和看 2 场电影给他带来的满足程度是不相上下的，那么这两种组合中的任何一种组合对消费者来说，满足程度都是无差异的，区别只是在于两种组合中商品构成的比例不同。

当把给大树（消费者）带来相同满足程度（U_1）的不同的商品组合（A、B、C、D）（如表 3.2 所示）描绘在坐标轴内，就可以得到代表大树（消费者）心理评价的无差异曲线（如图 3.1 所示）。这条曲线所在的位置就是当前的效用水平（U_1），它通常向右下方倾斜，这意味着，随着一种商品数量（打羽毛球）的增加，减少另一种商品（看电影）的数量，大树（消费者）可以获得与原来相同的满足程度（U_1），即一种商品（打羽毛球）对另外的商品（看电影）存在着替代关系。

表 3.2　大树对打羽毛球和看电影的评价

组合（每月）	打羽毛球（次）	看电影（场）	满足程度（效用水平）
A	1	7	U_1
B	2	4	U_1
C	3	2	U_1
D	4	1	U_1

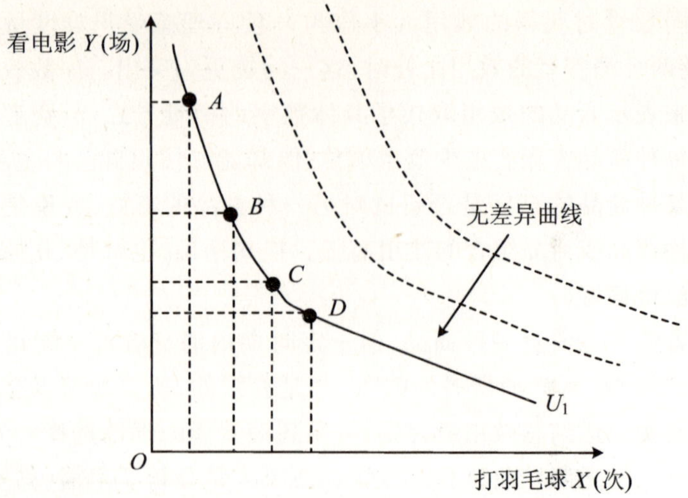

图 3.1　大树对打羽毛球和看电影的无差异曲线图

如果两种商品(打羽毛球和看电影)数量同时改变,消费者心理上将会产生更高或更低的效用水平,即无差异曲线的平行移动。

如果不受商品数量的限制,一个坐标轴内会出现无数条与 U_1 平行的无差异曲线,离原点越远的代表的效用水平越高,反之越低;比 U_1 高的无差异曲线代表的效用水平比 U_1 代表的效用水平要高,反之越低。而且任意两条不会相交,只能平行。

而且这些无差异曲线通常还会凸向原点,这意味着一种商品(打羽毛球)对另外一种商品(看电影)的替代能力随着该商品(打羽毛球)数量的增加而逐渐减弱,这是由商品的边际替代率递减规律决定的。比如 X 商品(打羽毛球)对 Y 商品(看电影)的边际替代率就是指在效用水平保持不变的前提条件下,消费者增加一单位 X 商品(打羽毛球)的消费可以代替(所放弃)的 Y 商品(看电影)的消费数量,而且所放弃的 Y(看电影)会越来越少。可以用 $RCS_{XY}=-\dfrac{\Delta Y}{\Delta X}$来表示。在效用水平保持不变的条件下,X 商品数量增加,则 Y 商品数量减少,同时增加一个负号可以使得边际替代率在正数值的意义上讨论。

由表 3.3 可知，当打羽毛球次数从 1 增加到 2，放弃观看电影由 7 减少到 4，则边际替代率为 3，说明大树愿意为多打 1 次羽毛球而放弃 3 场电影；随着打羽毛球次数不断增加，边际替代率减少为 2 以及 1，当边际替代率为 1 时，意味着大树仅愿意放弃 1 场电影来增加 1 次打羽毛球。

表 3.3　大树对打羽毛球和看电影的边际替代

组合(每月)	打羽毛球(次)	看电影(场)	边际替代率
A	1	7	
	+1	-3	3
B	2	4	
	+1	-2	2
C	3	2	
	+1	-1	1
D	4	1	

这是由于消费者更喜欢多样化。在保持消费者效用水平不变的条件下，大树增加了打羽毛球次数，则会减少看电影场数。随着打羽毛球次数的增加，看电影场数减少，结果看电影相对稀缺，因而大树就会更偏爱看电影。这时，只有打更多次羽毛球，消费者才愿意放弃相对稀缺的看电影。

无差异曲线反映了商品组合给消费者带来的满足程度，边际替代率则反映了消费者对不同商品的心理评价，也就是消费者喜欢什么，可是喜欢又未必买得起。预算约束线(又称预算线、消费可能线、等价格线)的引入就是为了描绘在消费者收入和商品价格既定的条件下，消费者的全部收入所能购买到的商品的不同数量组合的轨迹。

假定消费者的收入 M 既定，消费者只消费两种商品 X 和 Y，其消费数量分别为 X 和 Y。如果两种商品的价格分别为 P_X 和 P_Y，那么消费者的预算约束为

$$X \cdot P_X + Y \cdot P_Y = M$$

如果不消费 Y 商品，即 $Y=0$，则 $X=\frac{M}{P_X}$，即 $\frac{M}{P_X}$ 表示全部收入仅仅购买 X 时能购得的 X 最大数量；如果不消费 X 商品，即 $X=0$，则 $Y=\frac{M}{P_Y}$，即 $\frac{M}{P_Y}$ 表示全部收入仅仅购买 Y 时能购得的 Y 最大数量。$\frac{-P_X}{P_Y}$ 表示预算线的斜率，其绝对值为两种商品价格之比，也反映了市场上能够以 X 商品换取 Y 商品的数量，也就是市场对两种商品的客观评价。

就拿大树来说，他每个月有 400 元用于生活以外的支出，他喜欢打羽毛球和看电影，对他来说，当然两种商品的数量多多益善，但是 X 商品(打羽毛

球)价格为10元/次,Y商品(看电影)价格也为10元/场,所以他所能购买到的X商品最大数量为40,Y商品最大数量也为40,如果大树同时购买了X和Y,则大树的预算约束就可以用$10X+10Y=400$来决定,就可以得到预算约束线,如图3.2所示。

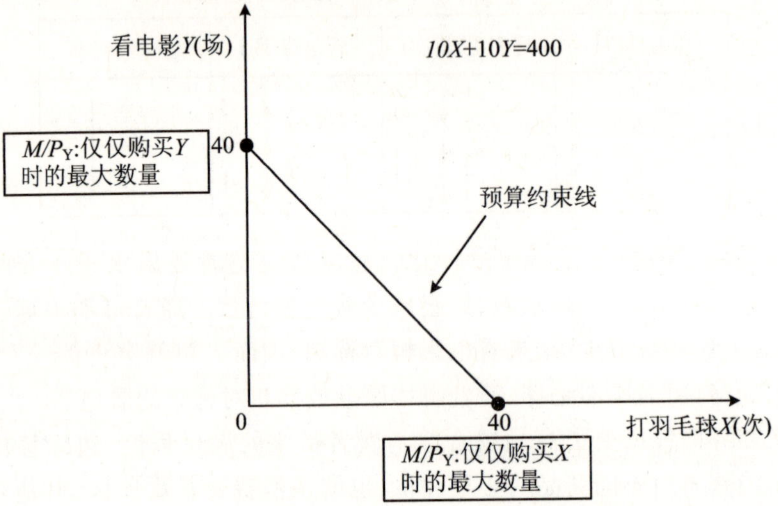

图3.2　大树对打羽毛球和看电影的预算约束线

而当$\frac{P_X}{P_Y}=1$,也就意味着减少一单位X(少打1次羽毛球)可以增加一单位Y(多看1场电影),或者放弃一单位Y(少看1场电影)可以增加一单位X(多打1次羽毛球)。

因为无差异曲线代表的是大树(消费者)对不同商品组合的主观态度,预算线表示的是大树(消费者)有支付能力的商品消费的客观条件。当把这两个分析工具结合起来时,大树的理性行为就表现为在预算约束条件下选择到使得总效用水平达到最大时的商品组合。

预算线尽管与多条无差异曲线相交,当且仅当一条无差异曲线与预算约束线相切时,消费者处于均衡状态(如图3.3所示),也就是说在X与Y商品支出的总和受收入限制下($X \cdot P_X+Y \cdot P_Y= M$),在均衡点,消费者在心理上愿意用一单位的某种商品去交换另一种商品的数量,应该等于该消费者能够在市场上以一单位的这种商品去交换得到的另一种商品的数量$\left(RCS_{XY}=\frac{P_X}{P_Y}\right)$。

打羽毛球和看电影的价格都是10元钱，所以大树总能以1次羽毛球交换到1场电影，$\frac{P_X}{P_Y}=1$，这是市场对两种商品的客观评价，不容改变。但是大树心理上对打羽毛球和看电影的偏好是随着打羽毛球和看电影数量的变动不断变化的，当且仅当 $RCS_{XY}=1$，大树才能获得最大满足。为什么呢？

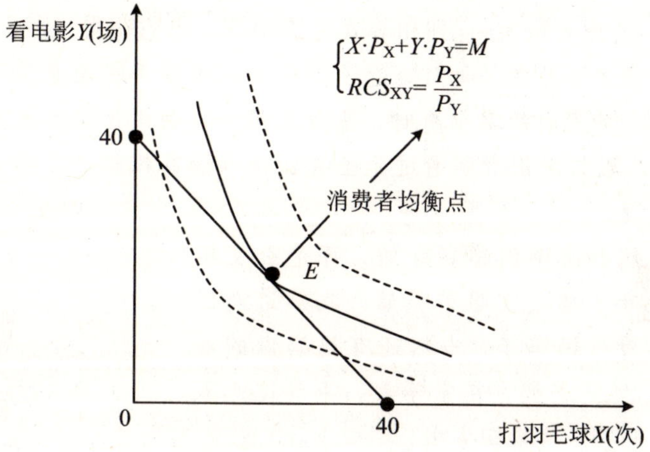

图3.3 大树对打羽毛球和看电影的均衡状态

当 $RCS_{XY}=2>\frac{P_X}{P_Y}=1$，如果想要等式两边相等，一般来说，等式左边变小（通过改变X和Y的数量）和右边变大（通过改变X和Y的价格）都是可行的。但是因为等式右边的价格是给定的外生变量，不可能变化，能变化的只能是通过改变X和Y的数量来改变消费者的心理偏好，所以只能让等式左边变小。对大树来说，如果 $RCS_{XY}=2$，意味着大树心理上会愿意为增加1次打羽毛球次数来减少两场电影观看，当大树总能以1次羽毛球（10元/次）换取1场电影（10元/场）时，他会增加羽毛球还是电影数量呢？如果大树用10元钱观看了电影，在心理上也只获得了1场电影。但是如果大树用10元钱打了1次羽毛球，在心理上可以获得了两场电影，显然比观看电影要值得。随着羽毛球次数的不断增加，看电影显得相对稀缺，评价会越来越高，也只会放弃越来越少的看电影数量来换取打羽毛球了。通过X商品（打羽毛球）的数量增加，RCS_{XY}会越来越小，直到和等式右边相等。大树获得了最大满足。

如果 $RCS_{XY}=\frac{1}{2}<\frac{P_X}{P_Y}=1$，大树就会增加Y商品（看电影）的数量，这是

因为当大树用 10 元钱既可以打 1 次羽毛球(10 元/次),也可以看 1 场电影(10 元/场)时,他在心理上愿意为 1 次羽毛球仅仅放弃$\frac{1}{2}$场电影,如果大树用 10 元钱打了羽毛球,在心理上仅获得了$\frac{1}{2}$场电影,而 10 元钱也可以直接观看 1 场电影,在心理上也获得了 1 场电影。通过 Y 商品(看电影)的数量增加,RCS_{XY}会越来越大,直到和等式右边相等。大树获得了最大满足。

逛完了 3 号馆,我们知道了经济学家用效用去衡量消费者消费商品和劳务时的幸福感时,基数效用论者利用了边际效用递减规律,序数效用论者则通过无差异曲线和预算线得出了幸福最大化的实现。

虽然小伙伴们都在身边,可是公交车上那对母子总是在眼前晃着,我知道是因为我也想念妈妈了,当然还有妈妈做的各种好吃的。老妈,在家等我,等我这几天逛完了乐园,我就回家啦!

4 竞争的吸引力

Buffy's Economics Journey

好喜欢假期的校园，因为大部分学生都回家了，校园里就会一改往日的拥挤，变得好清静。路上遇见的同学似乎都放慢了行走的节奏，不比平日那般从一个教室赶往另一个教室、图书馆、餐厅、宿舍……背着书包总是行色匆匆的。

一大早小雨就来催我去吃早饭，因为校内暑期只有一家小餐厅在营业，如果去晚了可能就买不着早餐了，想起前两天在2号馆“看不见的手”中获取的有关市场运行的知识，我想到了一个问题，暑期小餐厅里发生的是早餐供给的减少还是早餐供给量的减少呢？ 小雨觉得是供给量的减少，可是我觉得这应该是小餐厅早餐供给的减少，因为早餐价格没变啊，根据供给定律，一定时期内商品价格的变动引起了供给量的减少，也就是说早餐供给量的减少应该是早餐价格下降直接带来的。可是，如今小餐厅提供的早餐价格并没有变，而是在每一种可能的供给价格下供给数量都减少了，这不正是供给的减少吗？小雨听了后，也觉得我说的有道理。

同时，因为暑期去小餐厅消费的学生数减少了，所以对小餐厅早餐的需求也减少了。当小餐厅成为一个完全自由运行的市场，那么它就应该和一般商品市场一样，由商品的消费者和生产者共同决定了市场交易价格和数量，也就是均衡。当有价格以外的条件变化了，供求会受到影响，均衡会改变。

暑期中，小餐厅早餐的供给和需求都减少了，这必然带来小餐厅的早餐交易量减少，这个交易量既体现为供给量也体现为需求量，所以大家就会面临晚一点去小餐厅就买不到早餐的情况，这是符合供求规律的变动……就这样和小雨接着讨论时，她也给我提了个问题：如果以供求规律来判断的话，供给变动带来交易价格与之反向变动，而需求变动会带来交易价格与之同向变动，由此，小餐厅早餐的交易价格就应该是不确定的，早餐的交易价格到底是涨、跌还是不变，就要取决于早餐供给的减少带来价格上涨的幅度大还是早餐需求的减少带来价格下跌的幅度大，如今小餐厅的早餐价格并没有变，这难道是因为供给和需求的变动恰好力度相当，使得交易价格恰好保持不变吗？

我认为，这恰好说明了现实世界经济运行的复杂性，是经济学理论与真实世界的结合吧。因为学校餐厅的消费对象通常是学生，价格往往比校外各种餐厅价格更需要稳定，也会得到相关管理部门对价格的关注和管控，不会轻易调价，让学生们放心消费，安心念书！但这与小餐厅的决策人依据暑期学生流量减少的现实理性地减少供给并不矛盾！

3号馆里让我们感受到了在理性选择基础上的消费者行为，就是通过选择并消费一定量的商品或者商品组合，来使自己在有限的收入条件下获得最多的幸福感，也就是实现效用的最大化。那么，校内小餐厅在给我们提供各种商品和服务的过程中会以怎样的选择来实现生产者行为的最优呢？ 带着这样的疑问，我们去了 4 号馆。

4 号馆口的馆名源自曾获过美国著名的古根海姆奖的芝加哥学派创始人弗兰克 · 奈特。 他认为“成本记录的是竞争的吸引力”。 成本是生产的主体——企业为其生产行为所投入的各项资源以市场价格量化后的统称，企业要想拥有竞争力、吸引力，那必须得考虑所付与所得之间的关系。

企业的技术效率

生产无处不在，它是把投入变为产出的过程。生产中所使用的各种投入，又被称为生产要素，比如面包店会买来面粉、面包机，雇用面包生产工人等，这些都是为生产面包准备的生产要素。生产者对生产要素的需求不同于消费者对产品的需求，面包店买面粉、面包机、雇用工人是为了生产面包产品，从而获得收益。这是由于消费者对面包产品的直接需求引发了面包店对生产要素的需求，相对于前者，后者是一种引致需求或派生需求。而且面包店买来的这些生产要素使用时通常具有不可分割性，也就是工人必须与面粉及其他面包生产原料相结合才能生产出有价值的面包产品，否则就是“巧妇”也会“难为无米之炊”。

丰富多样的产品，源自于丰富多样的投入，毕竟生产面包、衣服和汽车所需要的生产资料和技术会有巨大差异。而经济学基于投入-产出的差异性和丰富性的具体表现，将生产要素定性并归为劳动(L)、资本(K)、土地(N)与企业家才能(E)4 种。

劳动是指生产过程中劳动者体力和智力的消耗。资本是生产者的投资，有商标、专利、信誉等无形资本，更有厂房、机器设备、原料等有形资本，经济学关注的是更容易被量化与产出之间关系的有形资本。土地是指生产者使用的各种自然资源，包括但绝不限于土地，还有河流、森林、矿藏等。企业家才能是生产经营者对生产过程的组织与管理，包括经营、组织、管理和创新能力。

生产就是这 4 种生产要素合作的过程，产品是这 4 种生产要素共同努力的结果。在一定技术水平下,生产要素的数量与组合同它所能生产出来的产量之间存在着一定的依存关系,这种关系用生产函数来表示就是

$$Q = f(L, K, N, E)$$

当实现了投入给定时产出最大化,或者产出给定时投入最小化,就达到了技术效率。

生产不同的产品时,各种生产要素的配合比例是不同的,这种配合比例就是技术系数。如果生产某种产品所需要的各种要素的配合比例是不能改变的,也就是要素之间不能相互替代,这种技术系数是固定技术系数。如果各种要素的配合比例是可以改变的,它表明各种要素之间可以相互替代,这种技术系数是可变技术系数。一般而言,技术系数是可变的。像农业中可以多用劳动、少用土地进行生产,也可以少用劳动、多用土地进行生产。工业中也有劳动密集型技术和资本密集型技术之分。经济学更关注生产中技术系数可变的情况,而且一定时期内,土地(自然资源)总是固定的,企业家才能在生产中十分重要,但难以用具体指标量化,所以为了分析的简便,通常只考虑劳动和资本两种投入之间的技术系数关系。

4 号馆的讲解员老师告诉大家在分析企业的技术效率时需要区分短期和长期。经济学中短期和长期的划分并不是根据时间的长短,而是根据投入的变动情况。如果投入中有一些投入会随产量的变动而变动(可变投入),而有一些投入不随产量的变动而变动(固定投入),这就是短期生产分析。如果所有投入都可以随产量的变动而变动,这就是长期生产分析。之所以时间长短不能成为划分短期和长期的标准,是因为不同行业中投入调整所需要的时间是不同的。比如重工业中调整设备所需要的时间在 3 年左右,3 年之内只能调整劳动等投入,这样,3 年以下就是短期,3 年以上才是长期。在一些轻工行业,调整包括设备在内的所有投入只需要 1 年,这样,1 年以上就是长期,1 年以下才是短期。

短期中面包店技术效率的实现

短期中企业技术效率的实现建立在生产中同时存在固定投入和可变投入。讲解员老师给大家介绍了在经济学分析中,一般而言,资本为固定投

入，劳动为可变投入。在资本不变的情况下，如何变动劳动投入量来实现产出最大呢？这需要考虑三种产量，即总产量、平均产量和边际产量。

总产量是在资本不变时投入的劳动所生产的全部产量；平均产量是平均每单位劳动所生产的产量；边际产量是每增加一单位劳动投入所带来的总产量变化量。

面包店风云录

展区的演播厅正在放映着校园胖仔面包店里发生的故事。胖仔面包店最近没什么顾客，这让老板大树发起了愁，聪明伶俐的杉杉一向是老板的得力助手，积极为老板分忧解愁，希望以自己的良好业绩换来老板在精神和物质上的肯定。可是老板大树对于面包店的投入和产出是有自己的想法的。

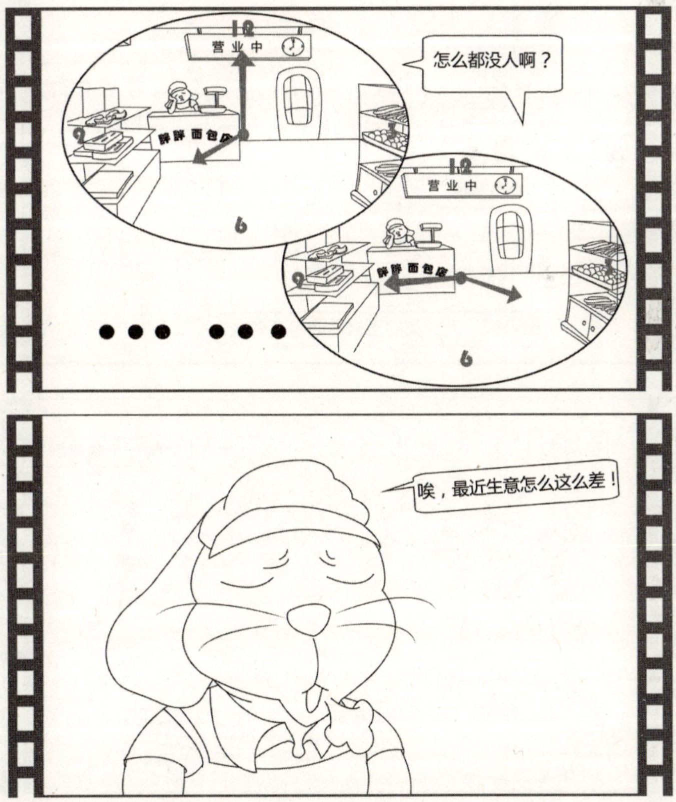

树老板，听说最近挺流行粗粮，
要不咱们也试试吧！
哇哦，生意果真
越来越好啦！
新品 粗粮
树老板，这种粗粮面包多少钱呀？
树老板，上次买的玉米味面包还有么？
马上来！
好嘞，来啦来啦！
树老板，给我们介绍介绍面包吧
树老板……
树老板，这个多少钱呀？
树老板……

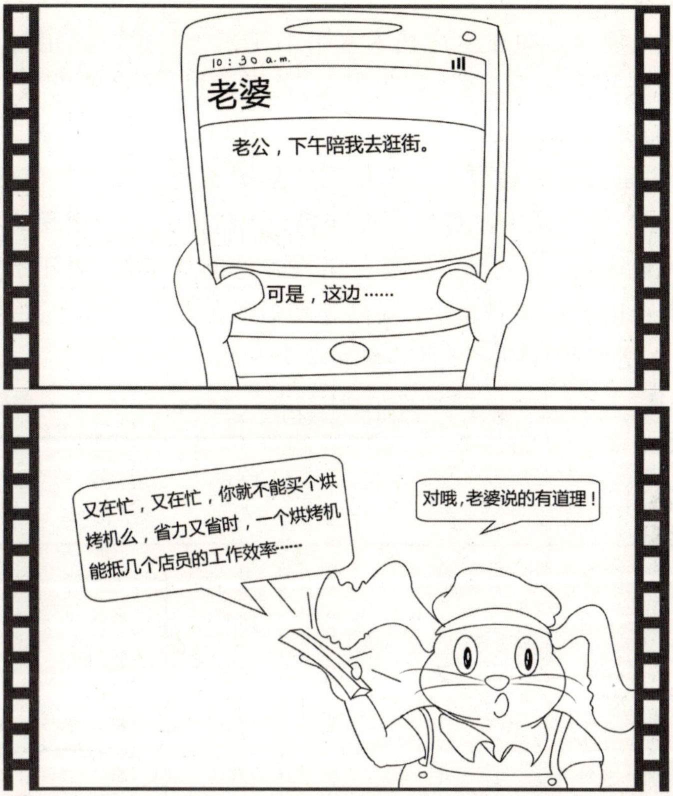

面包店以人的劳动和生产资料为要素投入换来了面包产出，但多投入未必多产出，生产者必须进行生产要素最优组合的选择。

胖仔面包店为了生产面包，老板大树买来了若干加工面包的各种原材料（假定生产过程中原材料供应充分）和4台面包机（通常1台面包机可供1个人操作），然后就开始在勤工俭学的大学生中物色合适的人选来生产面包。经过挑选，他雇用了手脚麻利的杉杉同学，面包生产顺利开动了。之后他又陆续挑选了几位自己信得过的学生来店里帮忙。在短期内，若干面包原材料和4台面包机为固定投入，所以面包店里面包产出量的变动只与生产面包的工人数有关。假如树老板一共雇用了7名学生，则面包总产量是这7名学生工所生产的全部产量；平均产量是平均每名学生工所生产的产量；边际产量是每增加1名学生工所带来的面包总产量的变化量。面包店的投入与产出情况如表4.1所示。

和消费者消费商品时会呈现边际效用递减规律一样，生产中也会存在边际产量递减规律。即在生产技术水平不变和一些投入固定时，增加一种可变投入带来的产量变动量(边际产量)递增；但如果这种投入一直增加下去，产量增加量就会递减，甚至成为负数。但和边际效用递减规律不同的是，边际效用递减是从消费第一个单位商品增加到第二个单位商品时就出现了，而边际产量递减规律是生产进行到一定阶段之后才出现的，或者说边际产量递减规律是一种趋势，迟早会出现。这也意味着，刚开始生产时，边际产量可能会出现递增现象，呈现出先增后减的倒“U”形。这是因为开始时，可变投入增加使得固定投入得到更充分利用。

表 4.1　校园面包店的投入与产出

K (原材料，面包机)	L (学生工人数)		TP(斤) $=f(L)$	AP(斤) $=TP/L$		MP(斤) $=\Delta TP/\Delta L$
若干，4台	0	0	0	0		0
若干，4台	1	1	150	150		150
若干，4台	2	=1	340	170	<	190
若干，4台	3	1	540	180		200
若干，4台	4	1	720	180	=	180
若干，4台	5	1	800	160		80
若干，4台	6	1	800	133.3	>	0
若干，4台	7	1	770	110		−30

当树老板买来面包原材料和面包机后，雇用了第一名学生工——杉杉，杉杉通过操作其中的一台面包机将原材料加工为面包，面包店有了产出，此时还有原材料和面包机闲置着，而且杉杉刚开始的操作也不是很熟练。接着树老板雇用来第二名学生工，杉杉的加工能力已经得到提升，而且更重要的是有人开动了第二台面包机。接着，树老板又连续雇用了几名学生工，闲置的原材料和面包机逐渐都有了人的劳动与之相结合，面包总产量也随之不断增加，但由于学生工是在学习以外的时间才能来勤工俭学，她们的工作时间无法达到全职工人的生产状态，所以树老板雇用了 4 名学生工之后，并没能使面包机得到充分利用，实现可能的最大产出。直到树老板雇用了第 6

名学生工后，面包店的可变投入——学生工的不断增加使得生产面包的原材料和面包机得到更充分利用，面包总产量达到了最大(边际产量为0)。如果此时树老板没有继续增加原材料和面包机的投入，而只是继续增加雇用了第七名学生工的话，这种雇用则是非常不明智的，因为再多的学生工也只有4台面包机可供操作。如果人过多的话，还会引起生产责任的不明确，互相推诿，好比“一个和尚挑水喝，两个和尚抬水喝，三个和尚反而没水喝”。20世纪90年代大量国有企业纷纷实施“下岗分流，减员增效”的改革就是基于边际产量递减规律的影响。

边际产量的变动影响总产量。如图4.1所示，当面包的边际产量随着劳动投入的增加递增时，总产量以递增速率在递增；面包的边际产量递减但大于零时，总产量由递增速率递增转向递减速率递增；直到面包的边际产量为零，总产量达到极大值；面包的边际产量小于零，总产量不增反而开始绝对减少。

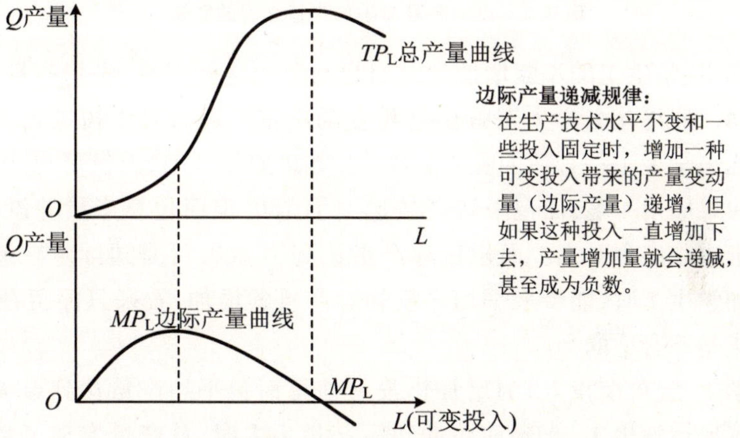

图4.1　边际产量的变动对产量和平均产量的影响

讲解员老师给大家解释了面包的边际产量和平均产量之间的关系，如图4.2所示，也就是当边际产量大于平均产量，平均产量递增；当边际产量小于平均产量，平均产量递减；当边际产量等于平均产量，平均产量达到极大值。边际产量和平均产量的关系具有广泛适用性。比如，如果一个班的学生平均身高160 cm，新转来一位同学，而这位同学的身高超过160 cm(比如175 cm)，那么全班的平均身高就会因此而被拉上，会表现出递增趋势；如果一杯水的温度为25 ℃，新加入了只有0 ℃的冰水进去，哪怕只有一滴，整杯水的水温也会由此而下降,平均量被拉下,会表现出递减趋势。当且仅当边际量等于平均量时,平均量达到极值,至于是极大值还是极小值,就要看平均量是先被拉上还是先被拉下。

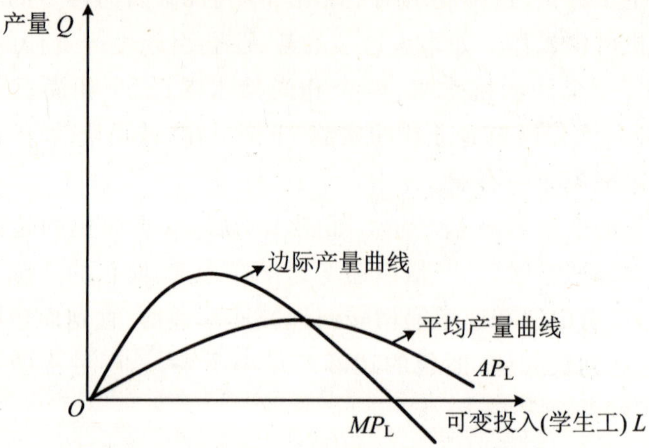

图 4.2　边际产量与平均产量之间的联系

短期中,学生工的不断增加是会引起面包的边际产量、平均产量和总产量的变动。雇用几名学生工就由这种变动决定。那么对于树老板来说,到底雇用几名学生工是合适的呢? 6 名吗? 如果雇用 6 名,面包平均产量只有 133.3;如果雇用 4 名,面包平均产量达到了 180,但面包总产量并没有达到最大。难道是雇用 3 名? 面包边际产量达到了 200,可是边际量在递增,就说明增加学生工时,能带来平均产量和总产量的增加,看来只停留在雇用 3 名学生工是不合适的。

在学生工(可变投入)的增加仍没有使得面包平均产量达到最大值时,应该继续雇用学生工,直到面包的边际产量为零时,总产量实现了最大值,学生工的数量就不能再增加了,否则连总产量也绝对减少。因此,令平均产量最大的学生数与令总产量最大的学生数之间构成了面包店学生工人数雇用的最佳区间,这就是所谓的短期生产三阶段中的最优阶段,即第二阶段。如图 4.3 所示。

最终,到底雇用几名学生工就要由面包店的树老板在平均产量最大和总产量最大之间做出选择了。

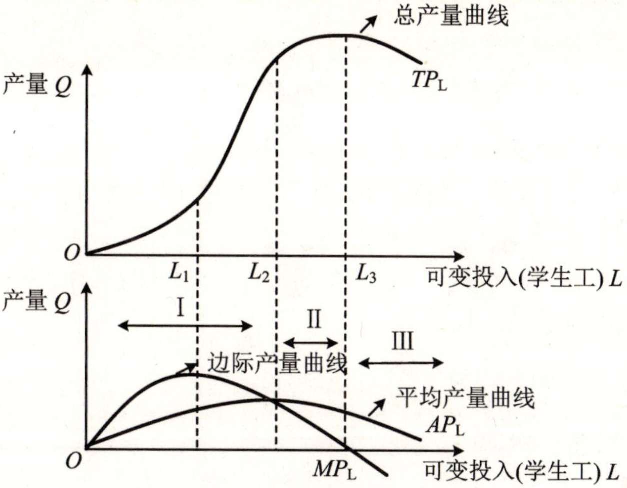

图 4.3　短期生产三阶段

长期中面包店技术效率的实现

树老板购买了若干原材料和 4 台面包机，并且雇用了 4 名学生工，这为他带来了 720 斤面包产品。在短期生产中，树老板只能通过增减学生工的数量来改变面包店的产量。但是在长期，面包店所有的投入都是可以变动的，而一旦所有投入都变动了，树老板的面包店生产规模就变了。可是什么样的生产规模对树老板来说是理想的呢？当树老板看着学校里的学生越来越多，对面包的需求很旺，他就去银行新贷了一笔款，将投入的面包机和学生工的数量都增加了一倍，达到了 8 台面包机和 8 名学生工，并且所需的面包原材料也配套增加了，可是树老板的面包店能增产出和各种投入增加比率一样的面包吗？可能的情况有三种。

第一种情况是面包产出品恰好为 1440 斤。面包产出品增加的比率恰好和面包生产所需的各种投入增加的比率相同,面包店实现了规模报酬不变。也就是企业规模扩大的比率等于所引起的产量增加的比率。

第二种情况是树老板通过一段时间的实践,积累了更多的企业运营经验,对这 8 名学生工进行了更有效的组织管理,在他们之间实行了更有效的专业化分工,面包产出品达到了 2000 斤。面包产出品增加的比率大于面包生产所需的各种投入增加的比率,这时面包店就实现了规模报酬递增。也就是企业规模扩大的比率小于所引起的产量增加的比率。

第三种情况是树老板增加了各种生产投入后就给自己放了大假,外出旅行了,他将面包店托给最早来面包店工作的杉杉代管,在树老板看来,聪明伶俐的杉杉一定能带领好大家。树老板不在店里的日子,杉杉确实尽心尽力,和老板一样严格要求着小伙伴们,但这种严格只得到了早前雇来的 3 位早已经适应树老板方式的小伙伴们的配合,新雇来的 4 位小伙伴对于严格要求并不能接受,甚至和不善处理人际关系的杉杉有了矛盾,工作起来总是不太顺利,原材料浪费严重。结果树老板旅行回来发现面包产出品仅仅为 1200 斤。面包产出品增加的比率小于面包生产所需的各种投入增加的比率,面包店出现了规模报酬递减。也就是企业规模扩大的比率大于所引起的产量增加的比率(如图 4.4 所示)。

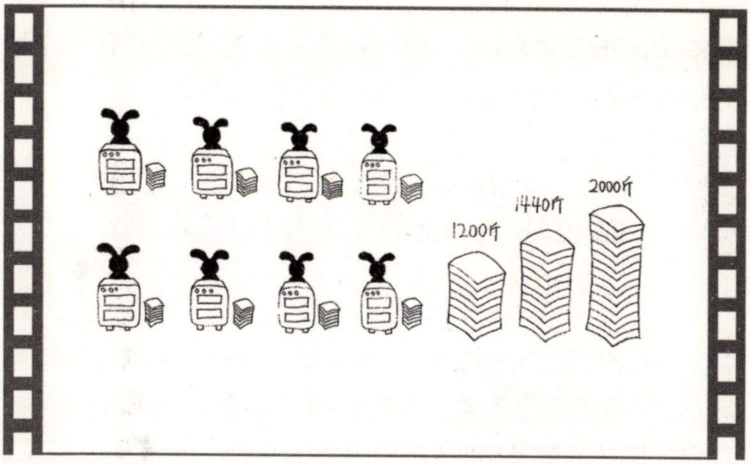

若干原材料和4台面包机，4名学生工→面包产出品720斤

↓ ↓

若干原材料和8台面包机，8名学生工
→面包产出品2000斤→规模报酬递增
→面包产出品1400斤→规模报酬不变
→面包产出品1200斤→规模报酬递减

图 4.4　面包店在三种情况下的规模报酬

当然，对于面包店来说，如果树老板坚持了亲自管理，完全能够扭转第三种情况下的规模报酬递减的情况，实现为规模报酬递增或至少维持规模报酬不变。说明树老板将生产规模扩大 1 倍是有利的，可是树老板将规模继续扩大为 100 倍或者更多倍的时候，是不是也合适呢？当树老板将规模扩大到 100 倍的时候，即使是树老板亲自管理，也可能会出现杉杉在生产规模扩大 1 倍时就面临的规模报酬递减的结局。这是为什么呢？

其实，企业在长期中扩大规模实现技术效率的基础是通过适度规模实现的。适度规模可以理解为使规模报酬递增达到最大时的企业规模。不同的行业，到底是小的美好还是大的美好，取决于行业的特点。在钢铁、石化、汽车这类行业中，设备大而复杂，分工精细，技术创新需要大量投入，而产品又是标准化的，市场需求波动也小，所以这些行业奉行“大就是好”的原则，企业规模越大越能实现技术效率。但在服装、餐饮这类轻工业或者服务行业中，所用的设备并不复杂，产品的特点是多样化，要随变化的市场需求而变动，“船小”好“调头”，所以这些行业中“小”才“美好”。

面包店实现利润最大化的原则

树老板为什么要在学校里开一家面包店呢？可能是出于为学生们提供好吃的面包，为学生们提供勤工俭学机会的利他主义，也可能是因为他热爱制作西点，但更加可能的是，树老板就是为了挣钱。经济学家通常假设，企业的目标是利润最大化。

什么是利润？树老板的面包店(企业)从生产和销售面包(产品)中得到的货币量称为总收益。面包店(企业)为购买各种原材料、面包机以及雇用劳动(各种投入)所支付的货币量称为总成本。利润就是总收益和总成本的差额。树老板的目标就是使面包店的利润最大化。

面包店的生产成本有些是明显的，有些又不那么明显。这是因为经济学考虑的成本是一种机会成本。机会成本是指为了得到某种东西而必须放弃的其他东西。面包店买面包机花了3万元，这3万元是一种机会成本。因为这3万元不能用于其他东西的购买了，而且是通过现金流支付出去的，所以是显性成本。面包店购买的其他原材料、支付给学生工的工资都是成本的一部分，同样也是显性的。这些显性成本因为支出过了，所以是一种历史成本，可以被一笔笔记录下来，所以又称为会计成本。

与此相比，面包店的一些机会成本是隐性成本，因为不需要现金流支付。假如树老板精通厨艺，作为星级宾馆大厨，每年也可获得收入10万元，树老板在面包店工作一年，他就要放弃10万元年薪。这种放弃的收入也是成本的一部分。

显性成本与隐性成本之间的区别反映了经济学家和会计师分析经营活动之间的关注重点不同。经济学家关心企业如何做出生产和定价决策，这些决策同时考虑了显性成本和隐性成本。而会计师的工作是记录流入和流出企业的成本，只衡量显性成本。所以经济学家和会计师衡量的利润性质也不相同。经济学家衡量的企业的经济利润，也就是企业的总收益减去生产和销售物品与劳务的所有机会成本。会计师衡量的是会计利润，也就是企业的总收益仅仅扣除显性成本。所以会计利润通常大于经济利润。而对于经济学家来说，要使企业有利可图，总收益必须弥补全部机会成本。

面包店作为生产者（企业），追求的利润最大化就是经济利润的最大化，但需要注意的是，总收益可以看成是“隐性成本＋显性成本＋经济利润”三部分之和，这并不代表总收益一定就会超过总成本。一旦总收益小于总成本，经济利润就是负的，也就是说企业追求利润最大化过程中，不代表一定能实现正的经济利润。企业如果出现亏损，也就是经济利润小于零，那生产者还会选择生产吗？

要回答这个问题，就要将企业的成本和生产中的投入一样分为短期和长期来考虑，企业的成本也分为短期成本和长期成本。

在短期，相对于固定投入和可变投入，成本也相应分为固定成本和可变成本。用于固定投入支出的成本就是固定成本，它不随产量的变动而变动，即使产量为零，也仍有固定成本，比如机器设备的折旧、管理人员的工资等。可变成本是有关于可变投入支出的成本，这部分成本会随产量的变动而变动，也就是不生产（产量为 0）就不会发生支出的成本，比如原料、燃料的支出、工人的工资等。短期总成本（STC）就表现为固定成本（TFC）与可变成本（TVC）之和

$$STC = TFC + TVC$$

平均成本是平均每单位产品所分摊的成本

$$SAC = \frac{STC}{Q} = TFC + \frac{TVC}{Q} = AFC + AVC$$

除了总成本和平均成本，还有边际成本。也就是每增加 1 单位产量所需要的成本的增加量，由于短期中固定成本为常数，其变化量为 0，所以每增加 1 单位产量所需要的成本增加量只是可变成本的增加量

$$SMC = \frac{\Delta STC}{\Delta Q} = \frac{\Delta TVC}{\Delta Q}$$

由于边际产量递减规律的作用，产量和成本是对应的，边际成本曲线会随着产量的增加先减后增，如图 4.5 所示。在边际产量递增阶段，随着可变投入——劳动投入量的增加，每增加 1 单位劳动所增加的产量是递增的，因而，每增加一单位产量所需要增加的劳动就是递减的，从而企业为了购买劳动而增加的成本就会是递减的。在边际产量递减阶段，情况正好相好。所

以，边际产量递减规律决定了边际产量先增加后减少，边际成本曲线则先减后增呈现出“U”形。

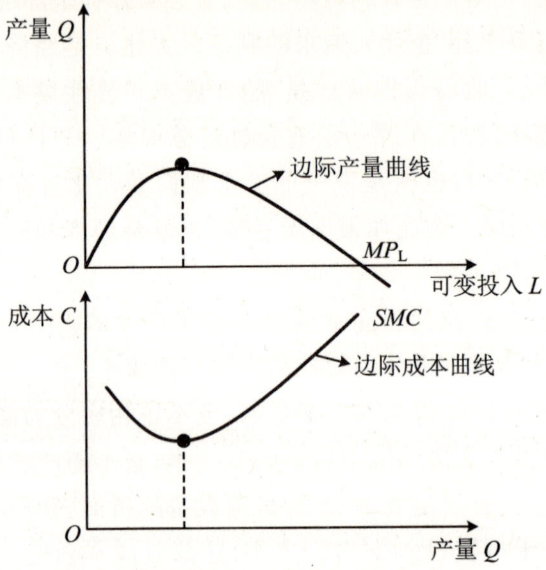

图 4.5　边际产量与边际成本之间的关系

在长期中，投入无固定和可变之分，成本也就没有固定成本和可变成本之分。长期成本有总成本、平均成本和边际成本。其中最值得注意的是平均成本，平均成本在长期也是先减后增的“U”形。也就是说，随着产量的增加，平均成本先下降，当产量达到一定数量时，平均成本达到最小值，此后，随着产量的增加，平均成本上升。平均成本最低点也就是企业实现了适度规模时的产量。

除了成本，利润最大化的实现还依赖于收益。收益有总收益、平均收益和边际收益之分。总收益为产量和价格的乘积，如果价格是既定的，产量增加，总收益就会增加。但产量增加的时候，总成本也会增加。平均收益是指每单位产量所能获取的收益。边际收益是新增一单位产量所带来的收益增加量。

生产者到底生产多少才能实现总收益和总成本的差额——也就是利润的最大化呢？经济学家将利润最大化的条件概括为边际成本（marginal cost，MC）等于边际收益（marginal revenue，MR），即

$$MR = MC$$

也就是说，利润最大化取决于新增一单位产量所带来的收益增加量（边际收益），恰好等于新增一单位产量所带来的成本增加量（边际成本）。假如边际成本小于边际收益（面包店多生产 1 个面包需要增加的成本为 2 元，这个新生产出的面包可以获得 5 元的收益），面包店就应该增加产量；边际成本大于边际收益（新生产的 1 个面包仅能获得 2 元的收益，却需要额外付出 5 元的成本），面包店就应该减少产量。只有在边际成本等于边际收益时（新生产出的 1 个面包需额外花费 3 元成本，同时也能带来 3 元收益），面包店才既不会增加产量，也不会减少产量。面包店（企业）对这种产量水平的满意说明这时已经实现了利润最大化。

需要注意的是，即使企业按照 $MR=MC$ 的原则进行生产，不代表企业一定就有正的利润，或者说实现了利润最大化与利润小于零并不矛盾。利润是否大于零，取决于 TR 是否大于 TC。但只要企业按照 $MR=MC$ 的原则来安排产量，此时如果有正的利润一定是相对最多，如果是亏损一定是相对最少的。

在短期中，企业出现亏损，经济利润小于零，是有可能选择生产的。在长期中则规避了短期固定成本的限制，最起码实现零经济利润。

逛完了 4 号馆，我们知道了什么是企业的技术效率，知道了企业技术效率的实现在短期中和在长期中有什么不同，而且，最重要的是我们知道了企业实现利润最大化的原则。逛了几天下来，临近大暑的天气越来越热了，可是大家入园参观学习的兴致没有受到火辣天气的影响，反而越来越高了。特别是各个场馆里放映的情景剧记录的都是天天在我们身边发生的事，所以回来后大家又会比照着经济学原理热议一番，这样的学习对我们的帮助真是挺大的。今天回来前，小雨就拉着我迫不及待地赶到 5 号馆前，馆口的牌匾介绍了 5 号馆名“惊险的一跳”，其由来是因为当代共产主义运动的先驱，被誉为无产阶级的精神领袖的卡尔·马克思曾把商品价值在市场上实现的过程称为商品生产者（企业）的“惊险的一跳”。由此看来，生产者（企业）在市场上是否成功，显然取决于能否完成这“惊险的一跳”，我们对他们如何完成这“惊险的一跳”充满了期待。

5 惊险的一跳

Buffy's Economics Journey

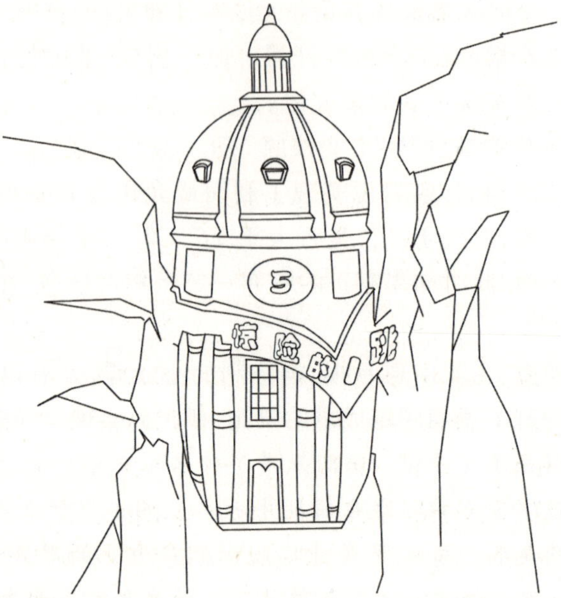

今天我和小雨她们很默契的早起，奔向小餐厅，果然“早起的兔儿有萝卜”，吃了早餐，就搭公车奔向“真实世界”经济学乐园了。之前就听说了5号“惊险的一跳”馆会在划分不同类型的市场的基础上进一步展示生产者的行为，路上大家又热烈讨论起市场类型划分的依据了。

现代意义的市场可以是物品买卖的有形交易场所，也可以是利用现代化通信工具和网络交易的虚拟接洽点。小雨和小雪觉得5号馆里不同类型的市场可能是从类似面包店里出售的是面包、服装市场出售的是服装、农产品市场出售的是农产品、石油市场出售的是石油产品、通信市场出售的是通信产品与服务的角度，也就是按照市场中经营和交易的具体对象去划分的。我和小琪觉得如果按照市场中经营和交易的具体对象去划分，那似乎分的太细了，这里不同类型的市场可能就是指既有为消费者购买并直接用于消费的最终商品和劳务市场，比如面包店生产的面包市场，也有提供给生产者来购买并用于生产最终商品和劳务的生产要素市场，比如提供面包店生产投入的面粉和机器的市场。一路上，谁也没说服谁……其实，我很喜欢这种有分歧的讨论，因为这会让每个人都特别用心地学习，获取更大的进步。

有意思的是，当进入 5 号馆后，才知道我们竟然都想错了，原来经济学家是从市场富有的竞争程度强弱去区分不同的市场类型，进而区分关注不同类型市场生产者的行为。这里的市场可以为“行业”所替代（行业就是同一个市场生产和提供商品的所有厂商的总体）。

生产者（企业）在市场上是否成功，取决于能否完成“惊险的一跳”。但各个生产者身处竞争程度强弱不同的市场，所以“惊险的一跳”能否成功，首先得确定它身处何种类型的市场结构。也就是说，生产者能否完成“惊险的一跳”不仅在于他向市场提供什么，更重要的是他所在市场（行业）的竞争程度。

经济学家根据市场（行业）竞争程度由强到弱，将市场划分为完全竞争、垄断竞争、寡头以及垄断 4 种结构类型（如图 5.1 所示）。竞争程度是强还是弱与 4 个具体特征有关，即市场（行业）中生产者的数目;市场（行业）中现有生产者提供产品的差异程度;市场（行业）中生产者对产品的价格控制程度及长期分析的必备，第四个特征是长期中进入和退出一个市场（行业）的难易程度，这是因为生产也好、成本也好，都是有长短期之分的，所以生产者在市场中完成“惊险的一跳”也有长短期之分。

任何市场的厂商都会围绕利润最大化的目标（边际收益等于边际成本，即 $MR=MC$）制定竞争战略，决定自己的价格和产量，基于市场结构类型的差异，厂商的竞争战略就会有所不同。

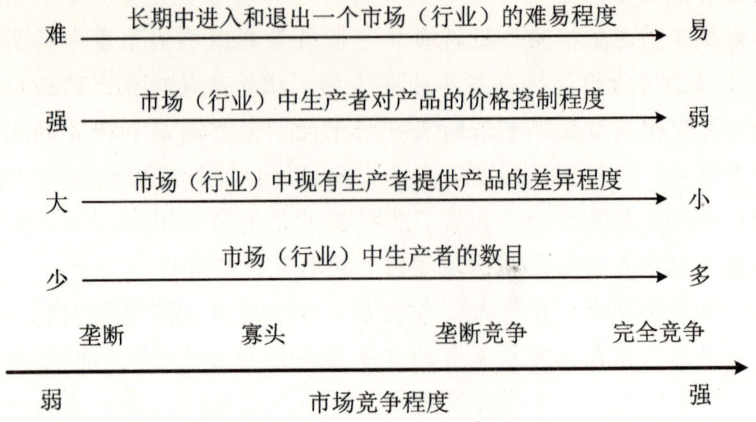

图 5.1　按竞争程度划分的 4 种市场

草莓种植户的“一跳”

完全竞争市场中有无数个生产者，每个生产者的生产规模都很小，他们生产的产品没有差别，所以单个生产者既不可能通过改变自己的产量来影响市场价格，也无法通过产品的独特性来获取市场价格的话语权。市场价格是由市场供求决定的均衡价格，而且价格一旦决定，生产者只能作为“价格的接受者”。

在此，“接受者”有三层意思，一是生产者无法改变价格，只能按照市场供求确定的交易价格提供产品；二是生产者无法改变的价格并不是恒定不变的，一旦市场供求有了变化，市场就会形成新的均衡，无论新价格是更高或更低，生产者都会以此来提供产品；三是生产者没有必要做出价格决策。

从长期角度，每个生产者都可以自由进入或退出这个市场。

因为理论条件的苛刻，完全竞争在现实中是不存在的，通常只是将一些农产品市场看成比较接近的市场。

5 号馆的讲解员老师介绍说，在她老家市区外的过境公路边，沿途有很多大棚草莓种植户，每年春节前后味美甜香的草莓就陆续上市了。种植户们一般自产自销，现摘现卖，也能让客人亲自采摘，很受大家的喜爱。因为地处过境公路，一般是开车途经的人会买，而开阔的公路也极少因为买卖草莓引起拥堵。

讲解员老师请大家猜猜消费者们一般会找谁买草莓呢？如果不考虑个人喜好、地理位置甚至买完草莓后种植户是否有慷慨的赠送这些因素，大家其实应该可以得出这样的结论：因为草莓种植户众多，且每户提供的草莓品种是一样的，即使有人率先引进了新品种，吸引更多的消费者，那也只能是暂时的，因为新品种的引进即刻会被模仿，所以这段公路上的草莓市场是非常接近完全竞争状态的。单个种植户对于草莓价格没有影响力，只能接受草莓市场供求决定的均衡价格作为交易价格，并在这一价格下决定自己的产量。

到了新年假期，大家走亲访友、自驾旅行都更频繁了，途经该路段的车流量多了，增加了对草莓的购买量，草莓的需求增加了，草莓的市场价格就会上涨，甚至涨得很高。每个草莓种植户都可以从高价格中赢利。但如果草莓的需求减少了呢？像新闻曝光了有些唯利是图的草莓种植户不顾消费者的身体健康，为了草莓早上市就注射催熟剂，为了草莓卖相好就注射膨大剂这样的新闻，即使被曝光的种植户是异地的，消费者也会因为缺乏分辨力，减少了对草莓的偏好。草莓的需求减少了，那么草莓价格就会下降，甚至降得很多。每个草莓种植户都有可能由于低价而遭受亏损。

在赢利的情况下，草莓种植户向市场提供草莓是当然的，可能在短期内，草莓种植户有时明明亏损了还会向市场提供草莓，但是在长期内，草莓种植户们却未必能接受亏损。看到这样的结论，大家非常好奇。讲解员老师告诉大家想要得到答案的话，首先得弄清楚草莓种植户的收益和成本情况。

假如草莓市场上的供求决定了草莓的价格为 20 元（$P=20$），种植户们不能改变价格，只能按照 20 元的价格销售自己的产品。草莓价格与数量的乘积形成了草莓种植户的总收益（total revenue，$TR=P\times Q$）。每斤草莓的收益就是草莓的平均收益$\left(\text{average revenue}, AR=\dfrac{TR}{Q}=P\right)$，而每增加一斤草莓的销售带来的收益变动量也就是草莓的边际收益$\left(MR=\dfrac{\Delta TR}{\Delta Q}=\dfrac{P\cdot\Delta Q}{\Delta Q}\right)$。显然，在完全竞争状态下，草莓种植户的价格、平均收益和边际收益三个量相等（$P=AR=MR$）。

草莓种植户们提供的数量要根据边际收益等于边际成本（$MR=MC$）的利润最大化的原则来确定，要让新增一斤草莓带来的收益增加量要等于为生产这斤草莓产生的成本增加量。假如 5 斤草莓是能够让代表性（一般，普通)种植户获得利润最大化的数量,“利润最大化”并不意味着一定就有正的利润,赢利还是亏损不是取决于边际量,而是取决于平均量(平均收益 AR 与平均成本 AC)或总量(总收益 TR 与总成本 TC)的比较。但可以肯定的是,只要按照边际收益等于边际成本($MR=MC$)的原则确定了数量为 5,那么 5 斤草莓是一个能让种植户在获取利润时相对赢利最多,在亏损时将会相对亏损最少的均衡数量。

假如某代表性草莓种植户出售了 5 斤草莓,那么总收益 $TR=20\times5=100$,每斤草莓的收益 $AR=100/5=20=P$,每新增一斤草莓的销售都能新增 20 元的收益,所以草莓的边际收益 $MR=20=P$,此时草莓种植户的价格、平均收益和边际收益三个量相等 $P=AR=MR=20$。

因为是短期,种植户生产草莓时既有可变成本(比如种子、劳动等),又有固定成本(比如大棚)。假定平均成本 SAC 的构成有 5 种情况,如表 5.1 所示。

表 5.1 代表性草莓种植户短期生产决策

情况	均衡数量(斤)	$P=AR$(元)	TR(元) $=AR\times Q$	SAC(元)		STC(元)$=SAC\times Q$		经济利润	生产与否
				AVC	AFC	TVC	TFC		
1	5	20	100	2	10	10	50	40	是
2	5	20	100	10	10	50	50	0	是
3	5	20	100	12	10	60	50	−10	是
4	5	20	100	20	10	100	50	−50	临界
5	5	20	100	25	10	125	50	−75	否

第一种情况:$AR>AC$ 或 $TR>TC$。每斤草莓的成本 $AC=12$ 元,AR 大于 AC,那么卖掉一斤草莓,种植户就能获利 8 元($AR-AC=8$),5 斤草莓一共为种植户带来了 40 元的经济利润。此时种植户会继续生产。

第二种情况:$AR=AC$ 或 $TR=TC$。每斤草莓的成本 $AC=20$ 元,AR 与 AC 相等,那么种植户无盈利,也无亏损,此时获得零经济利润。虽然种植户收支相抵,但他可以获得正的会计利润和全部正常利润,所以也会继续生产。

第三种情况:$AVC<AR<AC$ 或 $TVC<TR<TC$。每斤草莓的成本 $AC=22$ 元,AR 小于 AC,种植户每斤亏损 2 元($AR-AC=-2$),5 斤共计亏损 10 元,理性的种植户此时一定会继续生产。这是因为,对种植户来说,短期中如果不生产,可变成本不会发生,可是花在大棚这些固定投入上的支出也

就是固定成本 50 元无法收回；如果生产，每斤收益 20 元可以在弥补平均可变成本 12 元之后还有 8 元的剩余用来弥补部分的固定成本，每斤只会亏损 2 元，显然生产比不生产要强。

第四种情况：$AVC=AR<AC$ 或 $TVC=TR<TC$。每斤草莓的成本 $AC=30$ 元，AR 小于 AC，此时种植户每斤亏损 10 元($AR-AC=-10$)，5 斤共计亏损 50 元。如果种植户不生产，亏损的是全部的固定成本 50 元；如果生产，每斤草莓的收益 20 元恰好只能弥补平均可变成本，没有剩余，所以生产时也是亏损 50 元。生产和不生产没有区别，此时也就是生产的临界状态，经济学家称为停止营业点。当然如果要考虑增加就业，会倾向于生产，而从经济收益上来说，没有区别。

第五种情况：$AR<AVC<AC$ 或 $TR<TVC<TC$。每斤草莓的成本 $AC=35$ 元，AR 小于 AVC，此时种植户每斤亏损 15 元($AR-AC=-15$)，5 斤共计亏损 75 元。如果种植户不生产，亏损的是固定成本 50 元；如果生产，收益连可变成本都无法弥补，反而带来更大亏损，种植户绝对不会生产。

所以，在短期中生产者能否生产的关键不是取决于是否亏损，而是取决于生产是否强于不生产，而生产能够强于不生产就在于产品在市场上的(平均)收益不低于(平均)可变成本($P=AR\geqslant AVC$)。

在长期中，一切成本都是可变的，草莓种植户们没有固定成本的约束，如果有草莓的生产就会发生成本，不生产就没有成本。种植户们可以自由进入和退出草莓种植行业，所以仅仅按照边际的原则($MR=MC$)就能让种植户们实现均衡就不可行了。图 5.2 代表草莓种植户长期生产决策。一旦草莓价格过低，种植户们亏损了($P=AR<LAC$ 或 $TR<LTC$)，就会有人退出草莓种植业，行业内供给减少，草莓价格就会上升；如果草莓价格高到令种植户们盈利($P=AR>LAC$ 或 $TR>LTC$)，就会有新的种植户进入，行业内供给增加，草莓价格就会下降。盈利和亏损驱使着种植户们不断进入和退出，直到行业内的每个种植户既不赢利也不亏损，才既没有进入也没有退出，种植户们实现了零经济利润($P=AR=LAC$ 或 $TR=LTC$)的均衡。由于 LAC 曲线为“U”形，所以零经济利润一定发生在 LAC 曲线的最低点，即有效规模之处。所以在长期，完全竞争市场生产者的均衡条件必须在满足边际收益等于边际成本($MR=MC$)的基础上实现零经济利润，即 $MR=MC=P=AR=LAC$。记得 4 号馆里说明过当边际量＝平均量时，将实现平均量的极值，所以当 $MC=LAC$ 时，将决定 LAC 的最小值。

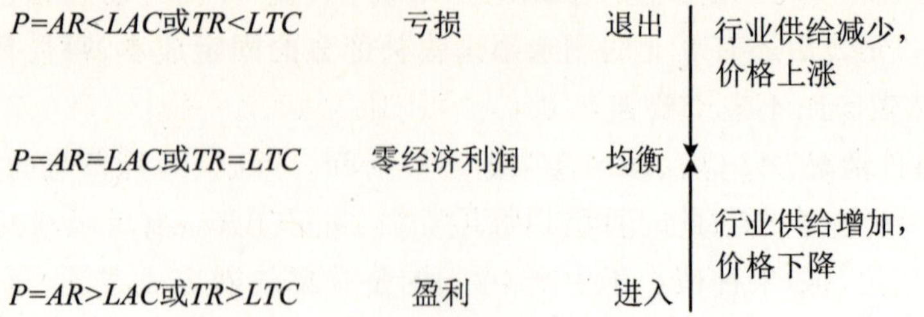

图 5.2　代表性草莓种植户长期生产决策

名不符实的校园书店垄断

垄断是指一个生产者控制了产品的整个市场，而且这种产品没有相近替代品。形成垄断的最基本条件在于其他生产者有无法进入的障碍。这种障碍可能来自于自然限制或规模经济形成的自然垄断。英国商人罗德斯在19世纪80年代买下了南非矿山的绝大部分，并把它们合并成了戴比尔斯公司，对关键投入品（稀缺资源）的掌控让这家公司成为世界钻石市场的垄断者。至20世纪80年代末，戴比尔斯控制了世界上几乎所有的天然钻石生产。即使今天面临着人造钻石的竞争带来的市场威胁，戴比尔斯仍是历史上凭借对投入品的控制而成为了最成功的垄断者。

像城市供水供电、天然气这些公用事业，是只有一个生产者提供比多个生产者提供平均成本更低的规模经济成就的自然垄断。可以想象当我们回到家需要用水时，水池上安装了来自于10家不同自来水公司的供水龙头，我们可以根据不同公司提供的水质和个人喜好，做出选择，这本是件美妙的事情。这是因为自来水公司之间有了竞争，也就让大家容易得到更好的商品。然而现实却是无论家中安装了多少个水龙头，流出的水都来自同一家自来水公司。可是为什么能让大家感受美妙的事情不能成为现实呢？这是因为水、电、天然气这些产品在到达消费者之前需要进行大量资本的投入，产品的提供需要依靠占用城市地上或地下空间的容器（输送管道）。自来水公司的水如果想为消费者所使用，管道必须铺设到消费者的家中。生产者多了，输送管道会令空间拥挤，引起了社会资源浪费。一旦消费者面临不同自来水公司时，萝卜青菜各有所爱的结果就是不可能让所有的消费者都选择某一家自来水公司，所以任一家都无法达到最大市场交易量，也就无法将成本在最大范围内进行分摊，实现不了平均成本的最小化。

还有一种来自于立法限制形成的立法垄断。如政府以专利权赋予了发明某种产品的生产者在一定时期内的排他性生产销售权；以版权赋予了作者和编者们的无限创意的永久归属权；还有国家邮政局被赋予独享邮政业务的经营权；没有专卖经营许可证也无法成为高利润的烟草产品经销商等。

成为垄断者是一件好事，因为垄断者可以通过对产量的控制达到对价格的控制，力度甚至强到可以成为价格的制定者。对垄断者来说，为了实现利润最大化首先要决定价格，产量的决定是服从于价格的。所以垄断者的竞争策略主要是定价策略。在垄断市场上可以有两种定价方式：单一定价和歧视定价。

单一定价就是对同一种产品向不同的消费者索要相同的价格。而歧视定价是就同一种产品向不同的消费者收取不同的价格，依据就是商品的需求价格弹性。不同商品具有不同的需求价格弹性，比如替代品多的、对生活不重要的商品往往弹性较大；即使是同一种产品，对于不同消费者来说也会表现出不同的需求价格弹性。像电力公司有居民用户和工业用户，工业用户不会轻易因为用电价格上升就会停止生产，所以需求价格弹性较小，一般被收取高价，电力公司就从高价格中增加了总收益和经济利润。但居民用户面对过高的电价，就会选择煤气、天然气等替代品，需求价格弹性较大，电力公司倾向于以低价鼓励居民多用电。而同样的居民用户因为用电时间的差异，也会被电力公司索要不同的电价，比如某市目前执行的是早 8 点到晚 10 点之间为高峰用电，其价格比晚 10 点到早 8 点之间的低谷期电价要高。

做到“歧视价格”要具备两个条件：一是该产品或劳务不能转售，要不然低价得到的消费者倒卖给被收取高价的消费者，歧视价格就会成为变相降价，失去意义；二是要能用一个客观标准把具有不同需求弹性的消费者分开。电力就符合这两个条件，用电网分开了不同消费者群体，而电产品一旦为消费者购买，只能自己消费，无法转售。

生活中有些行业的生产者未必是垄断，但也可以运用歧视价格。比如黄山风景区和全国众多景区一样会对特定人群，比如学生、70 周岁以上老人、记者、军人、教师等群体实施比普通票价要低一些的票价；民航对不同订票时间的乘客执行不同的票价。

校园买书记

展区二放映了一幕在大学校园里一家校园考试书店的故事。这家校园考试书店是这所大学校内及周边唯一一家针对高校大学生的实体书店了，表面看起来这一家校内书店通过店铺招标竞价的方式获取校内经营的独享权，虽然这一独享权不是政府赋予的，但在校园这一特殊环境下，他的专有经营权得到了校方的保障，成为了类似立法限制的一种独有经营权。这家书店定位明确，针对大学生的各类型考试，而且方圆几公里都没有竞争者，那它是不是很容易就变成了一个价格制定者呢？是不是很容易就获取高额的经济利润呢？

垄断是有特权的，但现实经济生活中生产者面临的环境往往更为复杂，不能照搬理论的一切，校园唯一的考试书店也不可以随心所欲定价。

小轩和大树左思右量，还是决定在校园考试书店里购买自己需要的书籍，毕竟有无需等待的现货和质量的保障，高价也能接受。但事实上这家校园内的考试书店很难成为价格的制定者，虽然市区的实体书店通常定位中小学学生群，与这家书店没有可比性，但是当当、卓越等网上书店也能向大学生们提供种类丰富的书籍，提供24小时在线搜索，提供货到付款的便利，这些毫无疑问都是实力雄厚的潜在竞争者。因此，尽管可以凭借实体店随时退换货的便利营造优势，但书店的老板也不能随心所欲想怎么定价就怎么定价，加上还得以一定的代价获取校园市场的入驻权、相对较高的成本保证货源的正版、给学生们提供相应的让利和售后等。如果在满足这些条件后，校园考试书店的老板仍然能够获取高额经济利润的话，就会在来年竞价店铺入驻权时吸引更多书店经营者参与其中,竞标的报价会逐步提高,可期待的利润自然也就会减少了。

通信市场三寡头的校园之争

寡头的原意是为数不多的生产者。在钢铁、汽车、石油、化工、通信等行业中,生产技术条件决定了初始投资巨大,而且要大规模生产、让产量达到相当大的水平,平均成本才能最低,才能实现规模经济。这也就造成往往少数几个生产者就垄断了整个市场,控制了这一行业的供给,已有生产者在内部管理和市场竞争中的优势,其他生产者再进入这一行业非常不容易。

寡头市场的一个重要特征就是几家规模大的生产者之间的相互关联性。在完全竞争市场和垄断竞争市场上,生产者数量众多,相互之间没有什么关联,即他们各自做出决策,互不影响。垄断只有一个生产者,也不存在与其他生产者的相关性。但在寡头市场上,只有几个在市场上都占有相当大份额的生产者,所以每个生产者决策对彼此乃至整个市场都有重要影响。决策能否成功在相当大程度上取决于其他生产者所做出的反应,所以做出某种决策前生产者要对其他人能做出的反应进行预测,但其他生产者的反应会有多种可能,因此很难确切决定每个生产者和整个市场的产量和价格。寡头在决策中的这种关联性加上生产者数量少,让它们更容易形成某种合作或勾结,但也会因为种种原因,难以长期维持。

如果甲、乙两个生产者控制了一个行业的市场,每个生产者都有相同的成本,市场需求既定。每个生产者都可以选择维持原价和降价。如果两人都维持原价,各获利 15 万元;如果都降价,则各损失 30 万元;如果一个降价一个维持原价,降价的一方能扩大市场份额获利 25 万元,不降价的失去市场损失 35 万元(如图 5.3 所示)。

显然,最好的选择莫过于两人都维持原价。如果两人选择合作(勾结),并且很好地履行承诺的情况下,能够得到最好的结果。但事实上两人都考虑到万一自己坚持不降价但对方降价了,就会损失 35 万元,如果对方降价自己跟随降价,只会损失 30 万元,所以对方降价时,自己降价是上策;如果对方没降价自己也不降价会获利 15 万元,但如果自己在对方没有降价时降了价就能获利 20 万元，显然降价比不降价要好。看来无论对方降价还是不降价，都应该选择降价作为自己最好的策略（占优策略）。结果就是一方降价开始，另一方回应，价格战触发，直到双方都损失了 30 万元。一旦“背叛”对方有更好的获利可能，“背叛”就是不可避免的，因此合作不能维持，单个生产者理性“降价”的结果换来了集体的损失。虽然从消费者的角度来说，因为可以得到低价格的产品，“价格战”是福音。

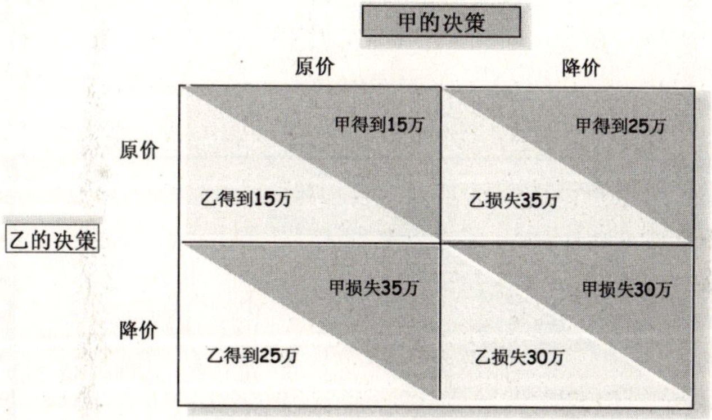

图 5.3　甲、乙的困境

无硝烟的战争

展区三放映了一幕在大学开学季时比兔国通信三大寡头争夺校园市场的景象。开学时，杉杉、小轩和大树分别成为了比兔天信、比兔电通公司、比兔悦动的校园代理，他们仨在营销现场可是各自铆足了劲，很是热闹。

通信产品的使用往往有聚集效应，消费者常会因为社交关系圈中较多人的选择而追随，享受到大客户的优惠。因此，抢占通信市场先机，尤其是抢占第一次开户的新生市场至关重要。

在我们比兔国的友好睦邻中国，那儿中国移动、中国联通和中国电信这三大运营商在每年的开学季就齐聚在大学校园里展开如此没有硝烟的战争。一般会说中国通信市场有三大巨头，实际上根据工信部统计数据，2014 年 1 月到 10 月中国电信移动用户市场份额仅为 12.8%，这一数据远低于中国移动和中国联通的 63.9%和 23.3%，可见巨头之间实力还是相当悬殊的。但即使中国移动享有如此高的份额，它也不会因此放弃对新用户的争夺，也会担心因为通信费用、配套服务等比不上其他两家造成老用户流失。中国电信、中国联通更是希望从网络优势、价格优势等方面吸引新用户，打动老用户。

就在这几家巨头频繁出招时，作为消费者可能由此默默捡起了一些福利。像中国电信通过翼支付平台给到指定商场和超市购物的消费者 9 折优惠，给居民户缴纳水电以 9 折的返利等，不少消费者在已经使用移动或联通手机的情况下，又添了电信手机。商家终归不会吃亏，因为新入网用户所引起的边际成本是极小的，而新入网手机的月基本费用保证了返利的安全性，再通过一系列限定政策将这些描述得惊人的福利不断缩小，比如每户必须在周三缴水电费，才能得到返利而且上限为每户返 10 元；商超购物必须是周末发生的消费额才能返利，上限为 50 元；加油返利则是限现金 800 元以内的油量，等等。可以想象，如果通信市场只有一家通信厂商来提供产品的话，大家可能就要付出好几倍于现有通信费用才可以享受通信服务了。

货卖一层皮的学问

走着走着，5 号馆的讲解员老师和大家聊起了打开电视扑面而来的广告多半是什么产品的广告。毫无疑问，化妆品、药品、家电、食品的广告占据了整个屏幕。这些产品的生产者不是因为他们对广告情有独钟，才花巨资投放广告，而是因为他们身处垄断竞争的市场结构中。这样的市场中，生产者众多，但彼此提供的产品有差别。这种产品差别是指同一种产品在质量、包装、形式、服务等方面的差别。一种产品不仅要满足人们实际生活的需要，还要满足人的心理感觉需要，正是因为差别的存在使得消费者有所偏好，消费者会为了满足自己特殊偏好愿意支付较高的价格。在这样的市场中如何创造有差异的产品，还要将差异化的信息传递给消费者尤为必要。毕竟有些差异不是像颜色是红还是绿这样显性，像农夫山泉“有点甜”这样的差异常常是消费者心理上的感觉。所以，在这样一个生产、创造有差异产品的市场中竞争格外激烈，生产者都会想方设法营造消费者心理上感知到的差异性。

参观到这里，小琪给我们分享了她曾在电视上看过的一个小品《卖猫》。小品演绎了笼子里养有一只很普通的猫，但给这只普通的猫喂食的却是一只并不普通的古董碗。想买猫的人多半都认为猫价的确是高了些，但是古董碗值钱啊，买了猫顺理成章得个碗，这可是捡了“大漏”，赶紧买，付了钱，买到了猫，不想却没有预想中的碗。此时，猫主人一语道破了真谛：“还指望这只碗去卖猫呢！”小品非常精彩，虽然卖猫人的狡猾不被推崇，但卖猫人又何尝不是利用了“人配衣服马配鞍”“货卖一层皮”的生意经呢。卖猫人利用古董碗成功“包装”了这只猫，猫价自然高了。小琪分享的小品得到了讲解员老师和大家的赞赏，看来以后我也要多加思考，练就一双善于观察世界的慧眼啊！

在短期，垄断竞争市场上的每个生产者都可以凭借自己的产品特色对部分消费者形成垄断地位，从而控制产量和价格，实现相对盈利最多或者相对亏损最小的利润最大化目标。但在长期，因为经济利润的吸引力使新的生产者能自由进入到行业中，或者模仿、或者创造特色，从而引发更激烈的竞争，而一旦亏损就会退出，竞争的结果使得每个垄断竞争市场的生产者只能实现收支相抵，经济利润为零。

其实，我也知道“真实世界”的经济学并不能通过场馆来完全展现，就像树老板的胖仔面包店里生产出来的面包能否在校园里顺利卖出，这关系到了面包价值的实现。面包的价值能否实现，则决定了树老板的面包店在校园市场内能否成功。5号馆的4个展区让我们知道了在市场上各个生产者首先要正确认识所处市场结构的特点，确定自己的竞争战略，才能完成这“惊险的一跳”。毕竟，树老板的面包店置身于大学校园内，树老板面临的竞争程度会与开在其他地理位置的那些面包店有所不同。也正是因为市场结构有所不同，才会有一群零利润甚至亏损也会生产的草莓种植户们，会有虽是独家经营却也并不是想象中那般美妙的校园考试书店，会有无硝烟的三大巨头相竞争的校园通信战场，也会有利用“货卖一层皮”这种玄机的市场。

6 癌细胞生存之道

Buffy's Economics Journey

今早还真是切身感受了惊险一幕。学校虽然是放假了,可是今天是周一,途经比兔大学的公交车都特别满,很难站住脚,想要哪一辆把我们几个全带上,好困难啊!最后大家决定乘出租车去,虽然会比乘坐公交多花费些,但鱼和熊掌哪能兼得呢,时间就是金钱啊!早早去了乐园可以多逛逛的。清晨,阳光,空气……一切看起来都那么美好,大家在车上聊得起劲时,出租车司机一阵急刹之下,我们感觉车子从后往前好像被什么推动了两下,我、小雨和小雪坐在后排,三人不自觉地迎头冲向了前排座椅,前排的小琪幸亏有安全带拉住。原来不知道哪里飞来一个足球,司机大叔一时之间的应激反应,导致被后车追尾了。司机大叔和追尾车司机都连忙下车查看,还好不算严重,只是有些不美观了。这时，足球不见了，足球是谁的更是不清楚，两位司机大叔快刀斩乱麻，友好协商，追尾事故麻利地被解决了。其实我们几个当时还挺想看看保险公司到了现场会怎样处理。重新上了车，问起司机大叔，大叔说因为问题不是很严重，而两辆车如果一直滞留在主干道上等待，会阻碍交通，也会占用彼此的时间，自行协商快速解决利人利己，可是不禁也很恼火乱踢足球的人。如今收入多了，生活水平高了，喜欢运动的兔兔们也是越来越多，因为运动不分场合给别人带来伤害的新闻也看到过，没想到今天还亲身经历了一次惊险，虽然没有什么严重后果，但也让从来没有遭遇过这些的我们被吓了一跳，也让我们几人一起有了一次别样的体验。

今天参观的6号馆馆名特牛，叫作“癌细胞生存之道”。据说馆名源自特立独行的美国小说家和散文家爱德华·艾比，他是一个对环境运动影响极大、又极具争议性的生态文学作家。他说：“为增长而增长，乃癌细胞生存之道。”当然，对于任何一个国家而言，经济增长都是一个古老并永恒的话题。我们一边讨论着各国普遍关注经济增长是不是正确的决策，一边进入了馆内。

备受瞩目的GDP

6号馆的讲解员老师介绍说每年的2月下旬，我们比兔国的邻居——中国的国家统计局就会公开发布上一年的《国民经济和社会发展统计公报》。2015年2月26日如期发布的中国《2014年国民经济和社会发展统计公报》中指出了“国民经济稳定增长”，“初步核算，全年国内生产总值636463亿元，比上年增长7.4%”。国内生产总值(gross domestic product，GDP)是最受关注的单个数据指标了。

GDP是一定时期内一个国家或地区在其国内生产的所有最终产品的市场价值总和。这是国民收入核算体系中最核心的指标，它度量了经济增长，所以能为宏观经济决策以及国际间发展水平的比较提供依据。国民收入核算也就是对一国国民收入水平进行记录、统计和分析。

20世纪30年代前,新古典经济学一直奉行"供给创造需求",但无情的大萧条令各国深陷经济困境的事实驳斥了"自由放任"和"政府无为"。1936年,约翰·梅纳德·凯恩斯抛出了石破天惊的大作《就业、利息和货币通论》,其中宣扬的"政府有为"可以说是将操纵经济权利的魔杖第一次从"神灵"手中夺了回来,而教会人们使用魔杖的则是西蒙·库兹涅茨。库兹涅茨在其1941年出版的《国民收入及其构成》中初步形成了国民收入核算的理论和方法。正是为每一个经济总量下了明确的统计学定义,所以国民收入核算理论的建立使人们有了操纵经济的权利。

通常GDP衡量的是一段时间内比如年初到年末的产出价值,所以它是流量,而非作为时点价值的存量。它衡量的是直接可供消费、无需再加工或销售的最终产品(如面包房买来面粉生产面包,面粉就是中间产品,面包才是最终产品)。因为面包价值中已经包含了面粉的价值在内,把面粉和面包的价值相加就会导致重复计算,所以计入GDP只是新生产出的面包价值。

不仅食物、衣服这样的有形商品价值会被计入GDP,像理发、看病等无形劳务也会被计入。而且以当年"所生产"的而不是"所销售"的价值为准。假如某汽车生产企业今年生产了10万辆汽车,至于卖出的比这10万辆多还是少,都与今年的GDP没有关系,需要计入的是今年新产出的这10万辆车的价值。

除此,GDP是以市场价格来衡量的产品和劳务的价值,商品的市场价格一定要通过交易行为才能形成。比如全职主妇的家务劳动,自给自足的蔬菜价值,政府对失业人员的失业救济补贴,股市中纯粹的金融交易,这些都属于非市场活动和非生产性活动,GDP中并不包括这些活动价值。还有些是为了逃避政府管制所从事的如毒品、军火交易等地下经济活动,因为躲过了政府的记录,价值也不能列入。可是有些国家和地区流行给小费,小费虽是合法的收入,但因为统计有困难,主动如实申报的可能性小,所以也不计入在GDP中。

GDP是最受瞩目的经济统计数字,但也是不完美的。比如每个人都放弃周末,每天都工作,生产出了更多的物品和劳务,这增加的GDP是建立在牺牲周末闲暇时光的基础上的。再如一个有100个每年收入为5万元的人组成的社会团体,GDP为500万元,人均GDP是5万元,还有一个是10个每年收入为50万元的人和90个一无所有的人组成的社会团体,GDP和人均 GDP 也分别是 500 万元和 5 万元，平均量背后的巨大差异显然让后一个社会的国民幸福感很弱。

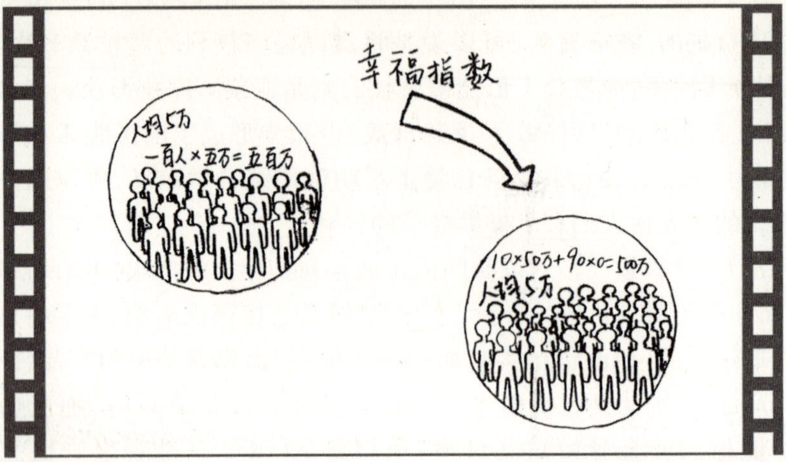

还有些国家和地区是以高污染行业换来了 GDP 的激增，却让环境遭到了破坏，牺牲了可持续发展能力，等等。这些都反映了 GDP 的缺陷，但目前还没有一个更好的指标能代替 GDP，而且 GDP 确确实实衡量了能使我们过上有意义生活的投入能力。

有意义的必须是实际 GDP

中国的国家统计局每年在公布经初步核算的上一年“国内生产总值”时，会有“国内生产总值按现价计算，增长速度按不变价格计算”这样的注释。那么现价和不变价格又意味着什么呢？

衡量 GDP 有两种方式，一种是以当年价格来评价(当年)经济中物品与劳务生产的价值，也就是名义 GDP；另一种是选定某个年份为基年，以基年价格来评价(当年)经济中物品与劳务生产的价值，也就是实际 GDP。显然任何基年的名义 GDP 和实际 GDP 都相等。中国国家统计局公布 2014 年的 GDP 是指 2014 年的名义 GDP，而增长速度是以实际 GDP 的相对变动来测算的。

经济学家更关注以实际 GDP 为基础的增长率水平，是因为当名义 GDP

增加时，有可能是经济中确实生产出了更多的物品和劳务，但也可能是以更高的价格销售物品和劳务带来的，当然也可能是物品和劳务数量与价格混合变动带来的。比如素食国只生产了胡萝卜和青菜两种产品，2012～2014年间，胡萝卜的价格分别为每斤1，2，1元，数量分别为100，100和200斤；青菜的价格分别为每斤2，4，2元，数量分别为50，50和100元。素食国2012～2014年的名义GDP和实际GDP如表6.1所示。

表6.1　素食国2012～2014年的名义GDP和实际GDP

年份	胡萝卜		青菜		名义GDP（元）	实际GDP(元)（2012为基年）
	价格（元）	数量（斤）	价格（元）	数量（斤）		
2012	1	100	2	50	1×100＋2×50＝200	1×100＋2×50＝200
2013	2	100	4	50	2×100＋4×50＝400	1×100＋2×50＝200
2014	1	200	2	100	1×200＋2×100＝400	1×200＋2×100＝400

从2012年到2013年名义GDP有所增长(200到400)，当以2012年的价格去衡量2013年的产出时，2013年的实际GDP和2012年相等。换句话说，名义上素食国国民2013年得到了价值400元的胡萝卜和青菜，但实际上供国民享用的胡萝卜和青菜数量相对2012年并没有任何增加。而国民福利能否改善并非取决于包含价格因素的名义价值，而是取决于胡萝卜和青菜的实物数量。所以2013年素食国国民福利并没有改善。

2014年和2013年的名义GDP相等，也就是相对于2012年，素食国国民得到名义价值更多的胡萝卜和青菜，但国民福利和2013年有本质的不同，因为以2012年的价格去衡量2014年的产出，就能知道素食国国民不仅是名义上得到包含更多价值的胡萝卜和青菜，而且这种价值的增长是因为可享用的胡萝卜和青菜数量切实增加了带来的。2014年素食国国民福利改善了。

可见，实际GDP反映了经济满足人们需要与欲望的能力，作为衡量经济福利的指标时要优于名义GDP，所以当论及经济增长时，以一个时期到另一个时期的实际GDP的变动来衡量更有意义。

长期中实际 GDP 的决定

如此有意义的实际 GDP 水平及其增长的决定因素是什么呢？我想起了曾读过的英国小说家丹尼尔·笛福的名著《鲁滨孙漂流记》，其中的主人公——乐观又勇敢的鲁滨孙，他流落荒岛后独自生活着，他需要自己捕鱼、采椰子做衣服……显然，鲁宾孙的生活水平取决于他能捕到多少条鱼，摘到多少只椰子、加工出多少衣服，这些都与他的产出能力有关系。而他的产出能力受到很多因素的影响，比如鲁滨孙流落荒岛前是否学习过捕鱼技术、是否练习过爬树、是否学过剪裁衣服等。如果鲁滨孙学习过最好的捕鱼技术，练习过爬树，在服装学校深造过，这些肯定都会有助于他在荒岛上的生存，可即使如此，也并不是说他的生活水平一定就高。因为荒岛上有没有丰富的鱼供给，有没有足够的椰子树，有没有适合加工衣服的原料，甚至有没有可以合作生产的人都能成为决定鲁滨孙生活水平的条件。

在更复杂、更现实的经济中，一国实际产出水平的决定和鲁滨孙的生活水平一样取决于多种因素，经济学家将这些决定因素区分为物质资本、人力资本、自然资源和技术知识。

物质资本的重要特征在于它原本就是一种被生产出来的生产要素，也就是说物质资本是生产的投入,也是过去生产过程的产出。木工用电锯、车床、电钻等制造桌子。电锯等工具是电锯等制造工具企业的产出,这些企业又会采用其他设备来生产电锯等工具。

人力资本不同于人力资源。人力资源是一国现实和潜在的劳动力数量,它也不是天赋才能,天赋才能是先天拥有的。人力资本是劳动力在体力和脑力上的质量,是通过营养水平、锻炼改善的健康状况,是通过正规教育、在职培训和实践中所得到的知识、技能和经验。形成人力资本的支出就是人力资本投资。

自然资源包括地理位置、土地状况、矿藏、水源、气候等可再生和不可再生性资源,其差别引起世界各国生活水平的一些差异。比如沙特阿拉伯之所以富有,和它恰好位于世界最大储油区不无关系,中国东南沿海一带最早成为经济发达地区和优越的地理位置也不无关系。日本是典型资源小国,但仍是世界最富裕的国家之一,说明了自然资源重要但也不是高产出的必要条件。

当代经济学家更加强调技术知识的力量。技术知识有多种形式,一些是普通技术,在某个人使用该技术后,其他人都了解了这种技术。比如亨利·福特率先引入汽车装配线,让普通的美国人都能开上自己生产的"T"形汽车,其他汽车制造商很快就模仿了这种技术。有些技术却是私人拥有的,只有发明公司才知道,比如可口可乐的秘密配方。还有些技术的所有者只能是有期限的拥有,专利制度给予技术和产品的发明人以排他性的占有权利,但当专利期满,其他人也会拥有生产的权利。

通常在一国经济发展的初期阶段,物质资本显得十分重要,但随着经济的发展,技术进步的作用会越来越强,并成为增长的首要源泉。从长期来看,实际 GDP 的增加,即经济增长是必然的趋势。

短期中实际 GDP 的波动

可是在短期中,经济有时高涨、有时衰退,呈现出经济周期现象。凯恩斯主义以总需求分析为中心分析了短期经济波动现象。总需求水平大小决定了实际 GDP 水平大小,总需求增加,实际 GDP 增加;反之减少。

总需求是指在每一种物价水平时，经济中所有的物品与劳务的总需求量。当物价水平上升，总需求量减少；当物价水平下降，总需求量增加。它反映了以支出的角度衡量的 GDP，由此 GDP 通常由家庭的需求——消费(C)、企业的需求——投资(I)、政府的需求——政府购买(G)以及国外的需求——净出口($NX=X-M$)四部分组成，即

$$GDP = C+I+G+(X-M) = C+I+G+NX$$

讲解员老师给大家详细介绍了 GDP 的各个组成部分。

消费支出通常是一个国家总需求中最主要的部分，指的是本国居民对最终产品和劳务的购买，包括家庭在汽车、家电等耐用消费品方面的支出，油盐酱醋等非耐用消费品方面的支出和在理发、看病等方面的劳务支出。但家庭对新住宅的购买划入了投资，这是因为住宅像别的固定资产一样是长期使用、慢慢地被消耗的。

投资支出是指用于未来生产更多物品和劳务的物品购买，它是企业新增资本设备、存货和建筑物(包括家庭新住宅)的总和。因为 GDP 计入的是当年所生产的最终产品市场价值，所以企业生产出来的成品当年并未卖出，就会作为企业的存货，企业的存货不仅有产成品，为了保证生产的连续性，企业还会备有一定量的原材料、半成品，这些也是企业的存货。存货价值计入时并不是按照存货的总价值，而是按照企业期初与期末存货价值的变动量计入，存货可能增加也可能减少，这就取决于企业今年是生产多于销售还是生产少于销售。

为了帮助大家理解，热情的讲解员老师还问了大家一个问题，如果某汽车厂卖掉了一辆去年生产的价值 10 万元的汽车时，这会对今年的 GDP 有什么影响？尽管大家对这辆车不是今年所生产，其价值在去年已经计入过了，只能作为企业的存货投资没有异议，可是对今年的 GDP 到底有啥影响，大家还是争论了一番。这家汽车厂今年的存货投资会因为这辆车的售出减少 10 万元，这减少了的 10 万元存货投资就会使得企业的总投资减少了 10 万元。企业总投资减少 10 万元，应该会让 GDP 减少 10 万元才是。讲解员告诉大家，事实上 GDP 不计入往年生产的产品价值的意思是存货的变动对 GDP 没有影响，当存货投资减少了 10 万元时，经济中总有相应的部门购买了这辆车，总有相应的部门支出增加了 10 万元，支出增加 10 万元对应减少的 10 万元存货投

资，GDP 并不受影响。

政府支出包括购买性支出和转移性支出，计入 GDP 的是购买性支出。政府购买是指各级政府购买物品和劳务的支出，比如雇用公务员、投资公共工程、开办学校等方面的支出。政府购买体现了商品、劳务与货币的双向运动，直接形成社会需求，成为国内生产总值的组成部分。转移性支出是政府不以取得本年生产出来的商品与劳务的作为报偿的支出，主要是政府在社会福利等方面的支出，其实质是一种财富的再分配，也就是将一部分人的收入转移到另一部分人手中。

净出口指的是出口额减去进口额的差额。其中出口指的是外国对本国产品和劳务的购买，是种国外需求；进口指的是本国对外国的产品和劳务的购买，是种国外供给。讲解员老师又问了大家一个问题来帮助大家理解："进口明明是本国在消费，是支出部分，出口给本国带来了收入，那为什么支出法计算 GDP 时反而要减去进口加上出口呢？"这是因为 C、I 和 G 都是国内各部门的需求，当需求支出形成时，是不区分购买的对象是否为国内生产的。但如果购买的是进口产品，国内没有企业得到收入，所以要将进口产品的价值扣除。而国内生产的产品被国外买了，国内企业得到了收入，但是 C、I 和 G 中都反映不出出口的价值，所以要将出口产品的价值加上。

> 就像小琪的家人买了一批产自素食国的胡萝卜，价值 100 元，为了简化分析，不考虑商品流转的种种复杂中间环节，也就是小琪的家人可以直接买到素食国国民生产的胡萝卜的话，此时小琪的家庭消费支出增加了 100 元，但国内并没有国民得到这笔 100 元的收入，说明这笔 100 元支出对 GDP 没有影响，必须作为进口予以扣除。如果比兔国生产了价值 500 元的大蒜，有 400 元的大蒜都被本国国民消费了，还有 100 元的大蒜被素食国的国民买了去，当计算比兔国国民收入时，比兔国因为大蒜增加了 500 元的国民收入，但是国内消费支出只有 400 元，必须加上出口到素食国的 100 元，才能做到总体经济中总收入与总支出相等。

在 4 个组成部分中，G 是由政府的政策决定的，与物价水平无关。C、I 和 X-M 都与物价水平相关。当物价水平变化时，以物价水平衡量的价值（名义价值）不变时，其实际价值都会与之反向变化。

第一个解释由庇古提出，与消费有关，又被称为真实财富效应。庇古认为人们总要持有一定数额的财产（基金、股票、债券）以买大房子、送孩子上大学、退休后过上幸福生活等。能体现福利水平的财产实际价值取决于财产的名义价值与物价水平之比。当物价水平上涨，实际价值减少；当物价水平下跌，实际价值增加，这意味着家庭真实财富总额上升了，而且每个人都有改变自己情境以增加效用的欲望。所以，人们的消费会增加，最终促使 AD 增加。

第二个解释由凯恩斯提出，与投资有关，又被称为利息率效应。凯恩斯认为当物价水平下降引起了实际货币供给增加 $\left(m=\frac{M}{P}\right)$，而人们的货币需求没有变化，大家手中实际持有的货币量多于想要持有的货币量，因为多余的货币持在手中不能增值，所以转而购买有价证券，这就带来了有价证券需求的增加，有价证券价格上升，而有价证券价格取决于有价证券收益与利息率之比，在有价证券收益不变时，有价证券价格上涨，利息率必然下降，较低的利息激励了投资增加，最终促使 AD 增加。

第三个解释由蒙代尔和弗莱明提出，与 NX 有关，又被称为汇率效应。它说明物价水平不仅影响利息率，在开放经济中还会影响汇率。根据利息率效应，物价水平引起利息率同向变动，当名义货币供给不变，物价水平下跌引起了实际货币供给增加，根据利息率效应，利息率会下降，这样带来了资本流出增加，流入减少，就会带来外汇市场对本国货币需求减少，本国货币就会贬值，那么出口就会增加，进口就会减少，也就是净出口增加，最终促使 AD 增加。

因为物价水平的变动，C、I 和 NX 都与之反向变动，所以总需求与物价水平反向变动。

但是，在物价水平维持不变的情况下，总需求也可能会发生变动，这就是采用宏观经济政策产生的影响。宏观经济政策是指国家或政府有意识或有计划地运用一定的政策工具来增进整个社会经济福利的具体指导原则和措施。它通常以充分就业、物价稳定、经济增长和国际收支平衡为其四大调节目标，包括需求管理政策和供给管理政策。其中需求管理政策是专门调节经济中总需求的政策，包括财政政策和货币政策。

当经济中出现衰退或者高涨时，经济学家认为需要遵循“逆周期原则”来安排需求管理政策。也就是经济繁荣时，采用紧缩型财政、货币政策；经济衰退时，采用的扩张型财政、货币政策。当然还会根据经济真实运行状况，将财政和货币政策的紧缩型与扩张型混合搭配使用。

在 GDP 的 4 个组成部分中，消费支出是总需求中最重要的部分。虽然消费者购买商品的价格、本人以及周围人的消费习惯、偶然的巨额收入或损失、失业、疾病、年龄、性别等因素都会影响消费水平，但凯恩斯认为消费水平最重要的决定因素还是可支配收入水平的高低，也就是绝对收入假说。消费由不受收入影响的自发消费和取决于收入水平的引致消费，凯恩斯认为当收入增加时，消费支出也会增加，但是消费增加的速度慢于收入增加的速度，即边际消费倾向递减规律，而且难以改变。所以刺激经济的经济政策重点通常并不在于刺激消费，那么又会在于什么呢？那就是投资了。

讲解员老师告诉我们，当一个家庭年收入 10 万元，年消费支出为 5 万元时，结余下的 5 万元可以存在银行作为储蓄，并获取相应的利息收入。如果家庭将这节余的 5 万元投于股市或者购买了政府发行的公债券，公众通常会习惯称之为不同于在银行形成储蓄的投资。然而，经济学视角的投资必须是表现为企业新增资本品的增加，家庭收入扣除消费支出后结余的部分只会归为储蓄，不能算作投资。

尽管投资在总需求中占的比例没有消费那么大，但决定投资的因素很多，投资的波动相当大。引起经济波动的关键因素是投资的波动。所以投资理论在宏观经济学中是相当重要的。凯恩斯用“动物本能”解释了投资者对未来预期的情绪变化和对投资的影响。但投资者的信心与情绪较难以定量分析，所以决定投资的因素更重在实际 GDP 水平和利率水平。

因为现代生产的特点是迂回生产，也就是为了生产一定产量首先要大量投资于厂房与设备等资本品，所以实际 GDP 水平越高，所需要的投资就会越多；反之，就是越少。这两者之间的关系被称为加速原理，即投资和实际 GDP 之间是相互依存的，投资变动率取决于实际 GDP 变动率。

投资的目的是为了获得扣除各种投资成本之后的纯利润。因为一般投资都是靠贷款进行的，贷款需要支付利息，即使使用的是自有资金，不需要支付利息，但也存在着放弃了利用自有资金获取利息的机会成本，所以利息是主要的投资成本。利率越高，投资贷款所需支付的利息就会越多，投资的纯利润就会减少，投资支出就会减少，所以利率与投资之间存在反向变动关系。一旦想要通过刺激投资来刺激经济的话，就应该降低利息率水平。中央银行的货币政策就是以利息率为中介目标的政策调节。

想要降低利息率，中央银行可以通过名声赫赫的“三大法宝”（法定准备金率、贴现率和公开市场业务）的使用增加流通中的货币供给量，也就是扩张性货币政策使得人们实际持有的货币量多于想要持有的货币量，从而人们会增加对有价证券的需求，带来有价证券价格的上涨进而带动利息率的下降。此时利息率的下降并非由于物价水平下降带来，而是因为央行采用了货币政策。换句话说，实际货币供给的增加可能是因为物价水平不变，名义货币供给量增加带来的；但也可能是中央银行并没有采用货币政策，而是物价水平下降了的结果。所以物价水平的变动也会带来类似货币政策的效果。不同的是，货币政策的使用使得每一个物价水平下的总需求都会因为利息率变动带来的投资变动而跟随变动了。

财政政策并不是现代社会中才有的，只要有国家，就有财政政策。传统财政政策的任务是为政府的各种支出筹资，能够实现收支平衡则是最高原则。但在凯恩斯主义出现后，为政府支出筹资仍然是财政政策的任务之一，但首要任务是调节经济实现稳定。财政政策就是运用政府的收支去影响总需求。

如果经济陷于衰退，政府可以增支减收，也就是增加购买性支出和转移性支出，减少税收（尤其是个人和公司所得税）来扩张经济。当政府增加购买性支出时，比如新雇用了一名公务员，给他 100 元作为工资收入，这就会直接增加总需求 100 元。但如果政府增加对一个人的转移支付 100 元或者减少一个人的税收 100 元，都是通过影响这个人的可支配收入，再影响到消费从而带来总需求发生变化的，这是因为新增的 100 元可支配收入中只有一部分用于消费。所以等量的转移支付和税收对总需求的影响力达不到等量的购买性支出对总需求的刺激大。

既然总需求水平决定了实际 GDP 水平的大小（总需求增加，实际 GDP 增加；反之减少），那么凡是引起总需求变动的消费、投资、政府购买、转移支付、税收、货币供给量、出口、进口等变量与所引起的实际 GDP 的变动是不是相同的呢？比如总需求因为消费增加（投资增加、政府购买增加、转移支付增加、税收减少、货币供给量增加、出口增加、进口减少）了 1000 元而增加了，那实际 GDP 是不是也增加了 1000 元呢？

讲解员老师告诉我们，经济学家用乘数原理说明了总需求变动与实际 GDP 变动之间的关系，乘数就是总需求增加所引起的实际 GDP 增加的倍数，而且强调了乘数一定大于 1。因为总需求包含了不同支出，所以乘数也表现为多种形式，比如投资乘数、政府支出乘数等。但重要的是，乘数通常大于 1，也就是说总需求变动引起的实际 GDP 变动结果会大于最初总需求的变动量,为什么呢?

神奇的“放大镜”

终于逛到了6号馆的演播厅，如今各大学都非常重视对大学生们创业的教育培训和孵化，这次的情景剧里就记录了大学生购物广场上几家由大学生们自主创业的小商店里的故事。

动感自行车
杉杉老板，我想租辆自行车，走的是山路，有什么可以推荐的呀？
这款山地车，骑起来舒服省力，你们租金一共就给600元，您看怎么样？
OK，就它了！

哎呀，快到小冉的生日啦，咱们怎么给她庆祝一下呢？
嗯……前面有家甜品店，咱们去那儿看看吧！
轩老板，还有别的蛋糕可以挑选么？
请稍等，我拿图册给您看！
哇哦，好卡哇伊！
萌萌蛋糕坊
轩老板，就要这个萌兔生日蛋糕啦！
好嘞！
萌兔生日蛋糕
价　格：360元
美味度：
大　小：12寸

当艺术学院的学生花费了1000元从大树经营的画材店购买了画材后，大树作为画材店的老板得到了1000元的收入；大树想和小伙伴们利用假期出去采风，支出了收入中的60%，也就是600元去杉杉经营的自行车出租屋租赁了几辆自行车，自行车店的老板杉杉得到了600元的收入；杉杉的室友要过生日了，杉杉和同学去到小轩经营的蛋糕店，她也从收入中拿了60%，也就是360元去订购了蛋糕，蛋糕店的老板由此也获得360元的收入……

经济运行中一笔新增支出不仅会形成一笔新增收入,更重要的是常常会引起一串连锁反应,最终使得整个经济总收入的增加大于原来总需求的增加。

这样下去,艺术学院学生最初的1000元消费支出,会引起很多商店收入和支出的增加,最后各部门增加的收入之和一定大于最初增加的1000元,达到了

$$\begin{aligned}1000+600+360+\cdots &= 1000+1000\times 0.6+1000\times 0.6^2+\cdots \\ &= 1000\times\frac{1}{1-0.6}=2500(\text{元})\end{aligned}$$

大学生购物广场发生的连锁事件仅仅是现实经济生活的一个小小缩影。国民经济所含部门众多,关系复杂,但各部门之间不是独立而是相互联系的。一个部门需求的增加,必然引起其他部门收入的增加,这种收入的增加又会促成对其他部门需求的增加,继而的连锁反应,必然使得整个经济最终总收入的增加大于原来总需求的增加。画材店、自行车店和蛋糕店发生的故事告诉了我们,最终的收入相对于最初的支出达到了2.5倍,即$\frac{2500}{1000}=2.5$,实质上也就是乘数$=\frac{1}{1-0.6}=2.5$,其中0.6就是MPC。

经济学家认为投资乘数的公式是$K=\frac{1}{1-MPC}$,MPC也就是边际消费倾向(marginal propensity of consumption),是新增收入中用于消费增量的部分。因为MPC($0<MPC<1$)为常数,所以乘数一定是大于1的正数。乘数效应在现实中是客观存在的,其作用不可忽视。假如政府要增加购买性支出来实现增加500亿元GDP的目标,如果没有乘数,政府支出就要达到500亿元。但由于乘数效应,政府支出并不用增加那么多,如果沿用刚刚例

子中2.5的乘数，政府支出只要增加500亿/2.5=200亿元即可。如果增加了500亿元支出，就会引起通货膨胀了。

和其他经济规律一样，乘数发生作用也是要具备条件的，如果经济社会已经充分利用资源，乘数就无法发挥作用，所以经济中要有闲置资源。而且乘数是把双刃剑，当总需求增加时，通过乘数效应能够使实际GDP倍数性增加。但总需求减少，也会引起实际GDP倍数性减少，就像是一个放大镜，总需求变动的影响无论是好的还是坏的，无论是增还是减都被它放大了。

不知为何，我忽然想起了早晨那个飞来的足球，因为它的凌空而降，引发了一次不算大的碰擦事故。这本来并不是件好事，但由此碰擦的两车需要花钱去修复，这就形成了一笔新增支出，这笔新增的修复支出就会增加车辆修理厂的收入，由此带来车辆修理工人收入的增加，接着引起经济中一系列支出和收入的倍数性增加，那这样想来，这个误打误撞的足球岂不是对GDP做出了贡献呢？哈哈，也就想想而已吧，这样的惊险还是少点好啊！

7 比爱情更狂的事情

一早，小雨就提醒大家今天是小杰学姐的“出发日”。 小杰可是比我们高一级的学霸学姐，她成功申请了素食国一所顶尖大学的交换生，要去那免费留学一年。 记得刚来学校报到时，小杰学姐作为迎新志愿者，非常有缘成为了我们的引导员。 在开学典礼上，她是发言的优秀学生代表，恰好又和我们住在同一楼层，平时大家遇到什么学习和生活上的困难，都喜欢去请教她。 如今学姐就要去异国他乡体验学习和生活了，我们赶紧去小杰学姐那和她道别。 看着小杰学姐整理好的行李箱、护照和机票，我们既不舍又羡慕，小杰学姐看在眼里，她告诉我们没有什么是不可能的，我们现在一定要抓住青春大好时光，不能虚度光阴，毕竟机会从来都是提供给准备好的人。 她告诉我们，这些年学校坚持国际化办学，可是提供了越来越多的机会让大家在校期间就能出去增长见识，开阔视野，一旦获取了这样的机会，会给自己的将来创造更大的可能呢！

小杰学姐还给我们看了素食国的钱，那些钱印刷得特漂亮，和我们比兔国的钱还真不一样，上面全是国宝级蔬菜啊，小杰学姐就要用这些蔬菜币在素食国畅通无阻地消费了。她说带上我们比兔国中央银行发行的印有“银联”标记的银行卡也可以在素食国很多商场和超市使用，而且在银行卡上存了钱，还可以在境外一些带有“银联”标记的取款机上，按照当时的汇率折算直接取出素食国的蔬菜币。这都是信息技术带来的便利，真是太神奇了！真希望自己也能和小杰学姐一样优秀，去外面的世界多看看！

和小杰学姐道别后，我们又赶到“真实世界”经济学乐园，继续今天的7号馆之旅。7号馆的馆名真是太有想象力了——“比爱情更狂的事情”。还能有什么事情能比爱情更狂吗？原来英国前首相本杰明·狄斯赖利说这世上“唯一能比爱情更能使人发狂的事情是货币问题”，馆口处的介绍就是谜底啊！货币不就是钱嘛，我想起小杰学姐给我们看的素食国的蔬菜币，还有我们天天见、天天用的比兔币，这个星球上有那么多个国家，有如此多样的货币，可是货币因何而生？由何而来呢？我们大家边走边讨论，不知不觉就进入了7号馆的展区。

货币的由来

在经济学家看来，货币是经济活动中人们用于购买他人物品和劳务的一组资产。或者是说，凡是能用来购买物品与劳务的东西都是货币。

三生三世的“钱”缘

演播厅了上映了一对有情人三生三世的遇见。

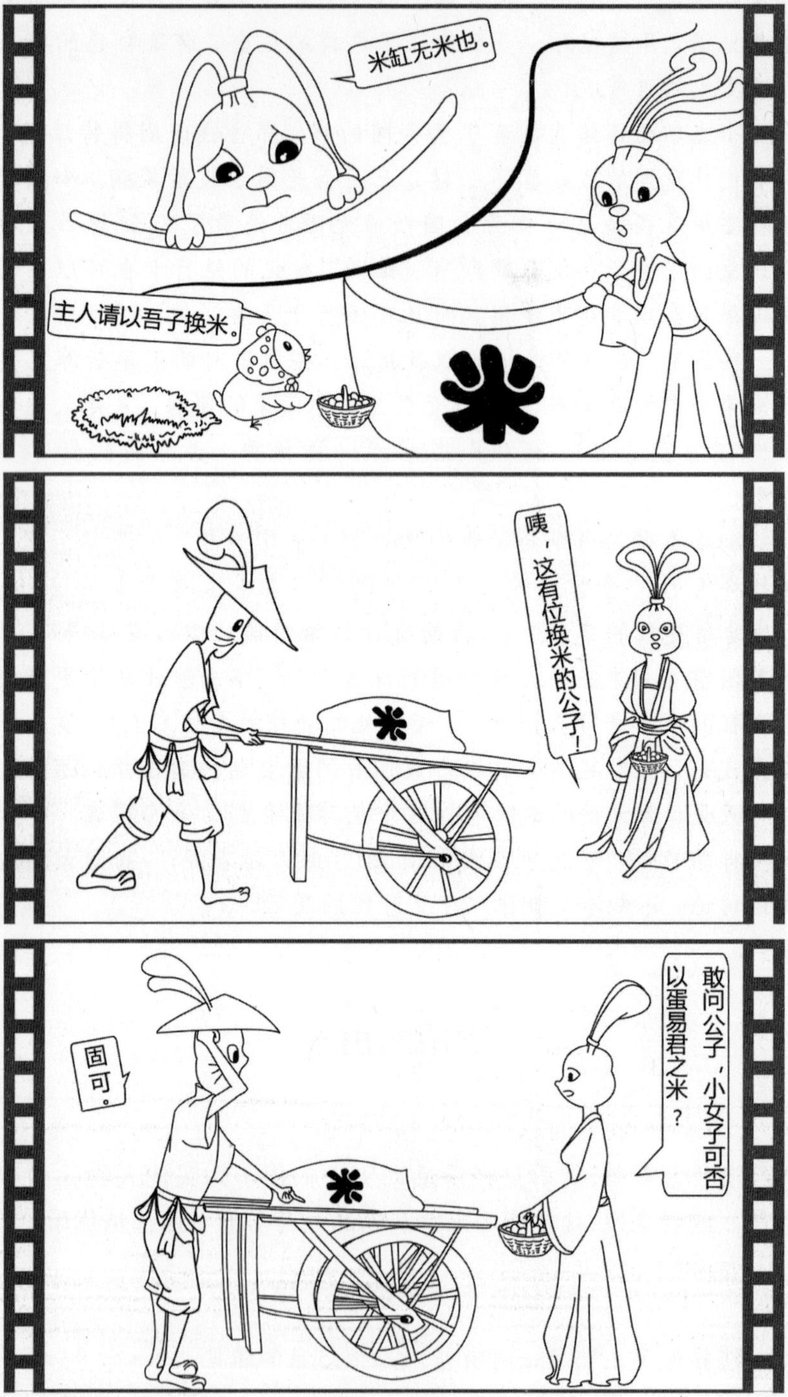
米缸无米也。
主人请以吾子换米。
米
咦，这有位换米的公子！
米
敢问公子，小女子可否以蛋易君之米？
固可。
米

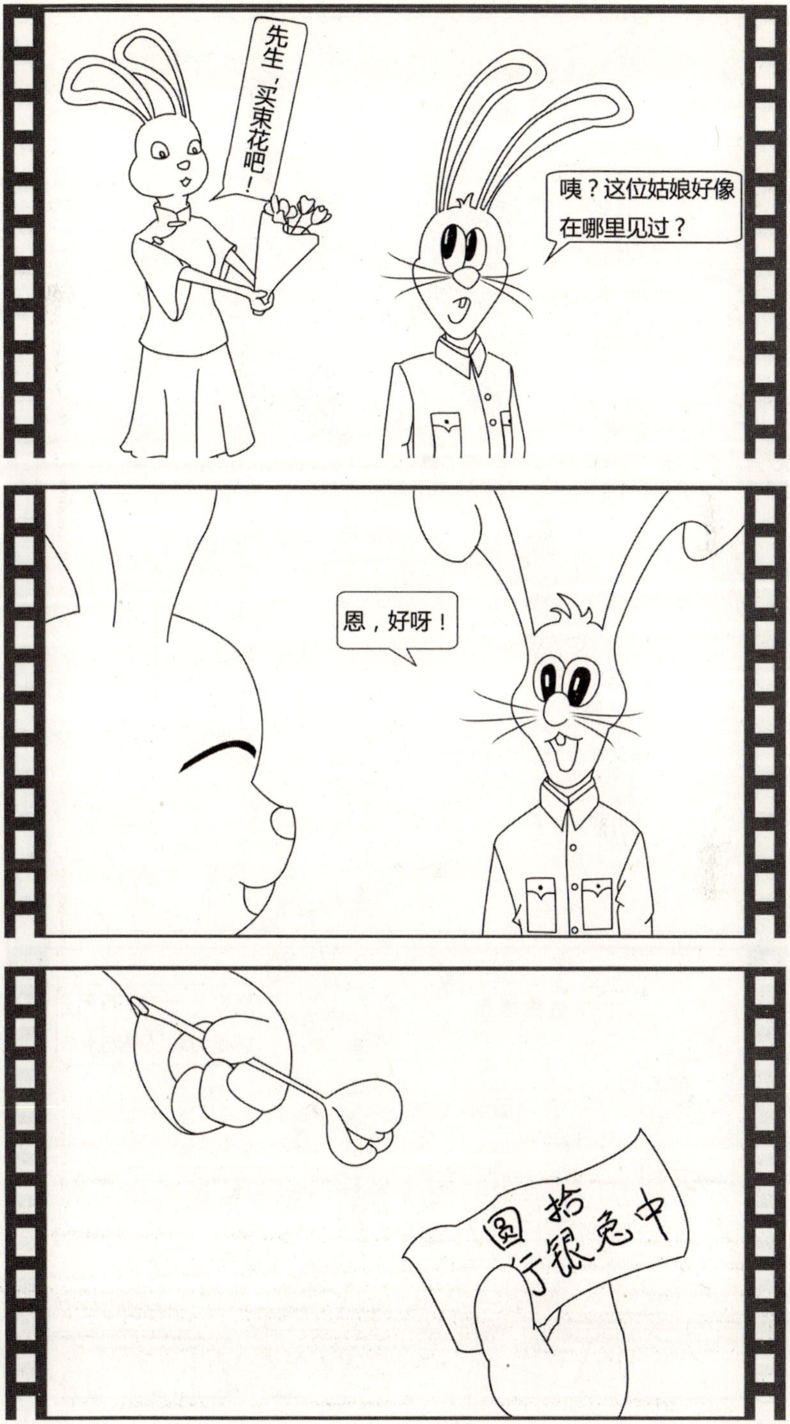
先生，买束花吧！
咦？这位姑娘好像在哪里见过？
恩，好呀！
拾圆
中兔银行

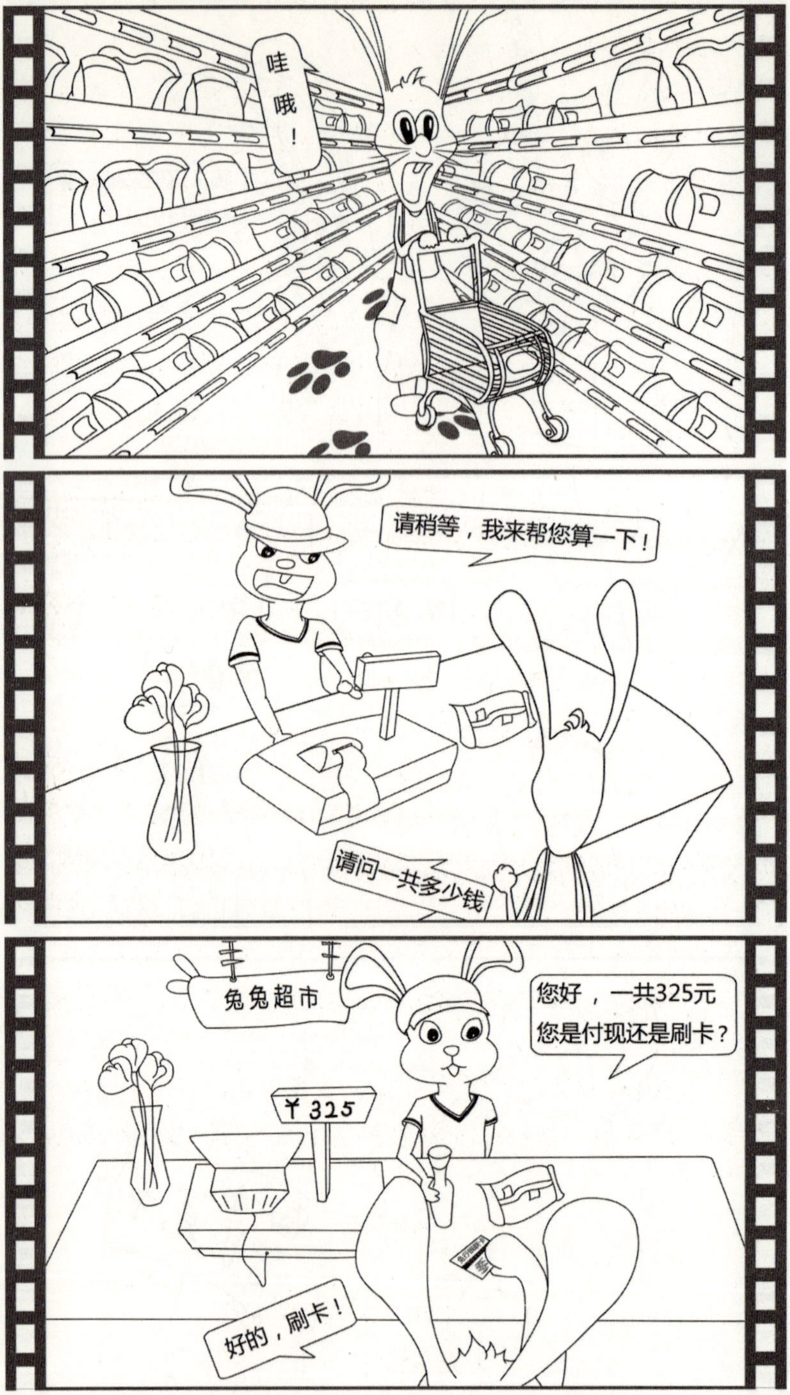
哇哦！
请稍等，我来帮您算一下！
请问一共多少钱
兔兔超市
¥325
您好，一共325元
您是付现还是刷卡？
好的，刷卡！

这是种什么样的缘分，看起来杉杉和小轩竟然能穿越古今，在不同时间和地点交易了好几次呢。

从古到今，以大米得到鸡蛋，以纸币换来鲜花，以信用作为延期支付的承诺买来商品，是与自给自足的自然经济到商品经济再到高度发达的市场经济相适应的，原来货币它不是从来就有的。

原始社会后期部落之间偶然出现了剩余产品，有不同剩余产品的人们进行了交换，比如1袋大米换来了30个鸡蛋，这袋大米的价值偶然表现在30个鸡蛋上。这时的交换是非常简单的物物直接交换，而且是偶然的、个别的现象，这是因为参与交换的人们并不是以交换为目的才多生产出大米和鸡蛋的。

之后，畜牧业从农业中分离的第一次社会大分工出现，生产效率提高了，人们能够生产出超过维持劳动力所必需的产品，有了更多的剩余产品，交换也就更多见了。如

$$1\text{袋大米}=\begin{cases}30\text{个鸡蛋}\\1\text{只绵羊}\\2\text{匹布}\\1\text{克黄金}\\\text{一定量其他商品}\end{cases}$$

尽管还是直接的物物交换，1袋大米的价值已经能通过一系列商品来表现了，而且只要有新的商品出现，这个序列就会加长。但此时人们交易成功的关键是在于双方是否都正好需要对方的东西。如果有鸡蛋的人想要有布匹，则必须先换成大米，再以大米换布匹。如果有布匹的人不想要大米，交换就会发生困难。

这种商品交换的矛盾促成某种商品从无数商品中分离出来，充当人们商品交换的媒介，其他一切商品都愿意和它相交换，通过它来表现自己的价值。所以

$$\left.\begin{array}{r}30\text{个鸡蛋}\\1\text{只绵羊}\\2\text{匹布}\\1\text{克黄金}\\\text{一定量其他商品}\end{array}\right\}=1\text{袋大米}$$

任何人只要把自己的产品换成一般等价物的大米,就可以用大米来换取他所需要的其他商品。物物直接交换变成了以一般等价物为媒介的间接交换,交换形式有了质的飞跃。

能充当一般等价物的商品,大体取决于两种情况:一是外来的商品,因为内部各种生产物经常同它相交换;二是牲畜,因为它往往是内部可以让渡的财产。在中国古代,牲畜、布匹、盐、贝壳都曾充当过一般等价物,尤其是贝壳,这也是为什么中国的汉字中与货币有关的字都有“贝”的原因。

但最初的一般等价物只在一定区域内固定,跨时间和空间的交换仍然是不方便。最终金银因为具有质地坚固难损坏、均匀便于分割计算、体积小价值大、容易携带等自然属性,从众多商品中成功胜出,货币也就产生了。

$$\left.\begin{array}{r}\text{1 袋大米}\\ \text{30 个鸡蛋}\\ \text{1 只绵羊}\\ \text{2 匹布}\\ \text{一定量其他商品}\end{array}\right\} = \text{1 克黄金}$$

7 号馆的讲解员老师给大家做了这样的总结,货币产生以后,整个商品世界分为两级:一级是各种各样的商品,另一级是货币。作为商品交换的媒介,货币使得物物交换转化为商品流通,商品交换被分解为时间和空间上可以分离的买卖行为,它的出现促进了商品经济的发展。

金银最初是以块的形式出现,但重量和成色存在着差别,每次交换都要核查重量和成色,仍然不方便,所以具有一定形状、重量、成色和额面价值的铸币出现了。铸币在流通中会受到磨损,名义含量 1 两白银或黄金,但因为流通导致了重量不断减少,铸币的实际含量就与名义含量分离了。这让人们开始意识到,完全可以用价值低廉的铜、铁类金属铸成辅币,作为那些流通快、磨损快的小额商品流通的媒介。

辅币的引入,更让人们感到货币能否行使职能,与自身重量和价值并没有关系,所以作为“纯粹的象征性质”的纸币自然而然出现了。纸币是由国家发行并强制使用的价值符号。

和金属货币不同的是,金属货币因为有价值才流通,纸币却因为流通才有价值,它本身没有内在价值。但它们都执行了货币最基本的职能,充当了买者在购买物品或劳务时支付给卖者的东西,也就是交换媒介。除了交换媒介,货币还行使了计价单位和价值贮藏的职能。

计价单位是人们用来表示物品和劳务价格及记录债务的标准。当所有物品和劳务都用统一的货币表示时，交易就方便了。比如说 1 件衣服 100 元，1 斤芒果 10 元。1 件衣服的价格是 10 斤芒果或说 1 斤芒果的价格是 1 件衣服的 1/10，但绝不会用这种方式表示价格。如果我们从银行得到一笔贷款，将来偿还贷款的数额也用货币来衡量，而不会使用物品和劳务的量来衡量。

价值贮藏是人们把现在的购买力转变为未来购买力的东西。当然，货币不是经济中唯一的价值贮藏，存款、股票、债券、不动产都可以充当。

基于货币的三种职能，除了金银这些具有价值的金属充当货币，在第二次世界大战的战俘营中、二战后发生超速通货膨胀时期的德国以及 20 世纪 80 年代通货膨胀严重的莫斯科，万宝路香烟曾是人们普遍接受的货币，即使是一个不吸烟的人也乐于在交换中接受香烟，因为他们知道，可以用香烟去购买其他物品和劳务。相对于法定货币（纸币），金银、香烟都是商品货币。信用卡也可以购物，但并不是货币，因为能购物的并不是信用卡本身，购买时并没有货币与商品的对流，信用卡仍然为持卡人拥有，持卡人在银行授信额度以内借助先进电子和网络技术以到期偿付的承诺来购买需要的商品。

当大家想要分析货币对经济的影响时，通常考虑的是经济流通中的货币量，也就是货币存量。经济学家以流动性来划分不同的货币存量（货币层次），货币层次越低，流动性越强，充当日常交易媒介时就越能广为接受。最具流动性的当然是现金（纸币与辅币）、旅行支票和可以直接开具支票随时支取或购物的活期存款，也就是 M_1，被称为狭义货币。M_2 被称为广义货币，它包括了 M_1 以及一些流动性不如 M_1，但比债务、股票之类变为交换媒介不太容易或不能保持原价值的非货币资产而言，流动性还比较大的储蓄存款、定期存款、货币市场共同基金等资产。

金融体系

货币经济中，经济的运行依赖于金融体系，货币对经济的影响通过金融体系而发生。金融体系包括中央银行、金融中介机构和金融市场。

中央银行是国家的银行（简称“央行”，下同），比如中国人民银行和美国联邦储备委员会分别是中国和美国的中央银行。央行的主要职责：一是发行货币,控制一国的货币供给;二是代表国家对银行的业务活动进行监督、管制,也是国家有关银行立法的执法者。当商业银行有困难时,央行也要予以扶植。比如银行资金短缺且同业拆借困难,央行就可以作为"最后贷款人"给银行支持,以避免银行破产带来金融风波;三是运用货币政策调节经济。除此,央行还组织银行之间的结算、掌握外汇储备、影响汇率等。

金融中介机构是债权人间接向债务人提供资金的机构,其中最重要的就是商业银行了。它是从事货币业务的企业,和一般企业一样以盈利为目标。具体来说,就是通过吸收存款、发放贷款和代客结算这类业务活动来实现利润最大化。商业银行在从事存贷款业务时,能够通过货币创造机制影响货币供给,这就会对经济产生重要影响。还有些非银行金融中介机构,比如在美国有从事风险投资的货币市场共同基金,从事长期房地产抵押贷款的储蓄与贷款协会,在中国有信托投资公司、租赁公司和保险公司等。

金融市场是债权人直接向债务人提供资金的机构,其中最重要的就是债券市场和股票市场。在现代经济学中,金融市场十分重要。中央银行对货币供给的控制是通过在金融市场上的买卖实现的。公众把资金投入金融市场,企业也通过金融市场筹资,所以金融市场的波动会对整个经济有重大影响。像 20 世纪 30 年代的大萧条就是从美国纽约股市的崩盘开始的。

货币的供给与控制

货币的供给取决于中央银行的货币政策,但商业银行在决定货币供给方面也有重要作用。中央银行决定的是基础货币,并通过公开市场业务、调整贴现率和法定准备金率"三大法宝"来控制货币。

公开市场业务是指中央银行在金融市场上买卖政府债券。如果中央银行买进政府债券,就是把货币放出给公众,增加了基础货币;如果卖出,则把公众手中的货币收回,减少了基础货币。这种方式最灵活了,可以连续进行,而且可以随时根据经济形势变买为卖,或变卖为买。

公众需要货币,可以去商业银行直接申请贷款,也可以把没到期的票据拿去银行贴现。当商业银行也需要货币时,自然也可以将没到期的票据拿到中央银行去贴现,获取贷款。贴现率是中央银行给商业银行提供贷款的利率,也就是贷款的成本。如果贴现率提高,商业银行贷款成本增加,可以贷得的数量就会减少;如果降低,贷款成本减少,可贷得的数量就会增加。但是央行处于等待商行贴现中,难免被动。当商行急需货币,贴现率再高也会进行;如果不需要货币,贴现率再低也不会进行。

准备金是指商业银行持在手中不贷放出去的部分,商业银行在总存款中作为准备金持有的比例就是准备金率。如果百分之百的持有准备金,可以保证客户随时来提现的安全要求,可是资金只能处于静止状态,不能贷放出去,商行无法获利;如果全部贷放出去,可以最大化利用资金,却不能满足安全性的要求。因此,商业银行需要在保证安全经营下,尽可能让吸收来的存款运动起来,获得利润最大化,所以商业银行通常采用的是部分准备金制度。

部分准备金制度涉及的准备金率取决于中央银行和商业银行。其中,中央银行规定的商业银行必须持有准备金的最低比例,就是法定准备金率。如果中央银行在金融市场上买进了1000万元的政府债券。卖出这1000万元债券的客户甲把钱存到了A银行,A银行吸收了1000万元存款,在法定准备金率为20%时,A银行留下200万元的准备金后,剩下的800万元就贷给了客户乙;客户乙获取这800万元的贷款后存入自己的开户银行B,B银行增加了800万元存款,按160万元的准备金留下后,余下的640万元又贷给了客户丙;这640万元又会成为C银行的存款,C银行又可以将其中的80%贷放出去。这个过程一直进行下去的话,存款的增加就可以用图7.1表示。

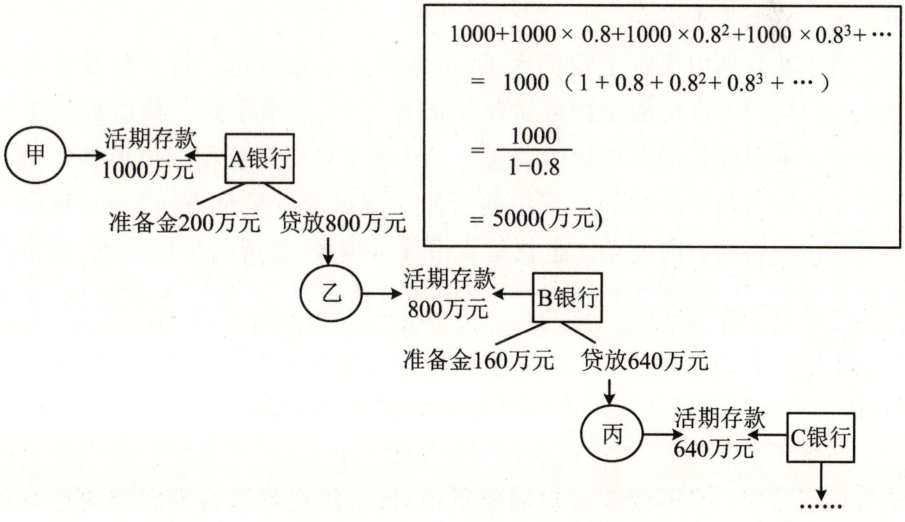

图7.1　1000万流通过程中存款的增加

于是,中央银行增加的1000万元基础货币通过商业银行的存贷款业务活动变成了流通中的5000万元的货币供给量。

货币供给量与基础货币的比率称为货币乘数。上文的1000万元基础货币最终变成了5000万元的货币供给量时,货币乘数就是5000/1000=5。这个简单的货币乘数,其实就是法定准备金率的倒数,如果央行提高法定准备金率,货币乘数就会变小,因为商业银行需要持有更多的法定准备金,能够贷放出去的数量就会减少;反之,就会变大。但法定准备金率通过乘数发挥作用需要一定的时间,对经济的影响存在一定的时滞,而且乘数的连锁反应可能会带来比预期要大的影响,一般作为重磅炸弹,不轻易使用。

现实中,货币乘数要比法定准备金率的倒数要复杂,因为商业银行除了法定准备金之外,还会根据自身情况持有超额准备金,客户也极可能在获取贷款后并不会把所有的贷款存入自己的开户银行,超额准备金和现金截流都使得更多的现金退出了货币创造过程,货币乘数会变小。

长期中货币市场的均衡——物价水平的决定

货币在经济中具有重要作用,但它在长期与短期中对经济的影响并不同。

货币在长期中决定了物价水平,这就是货币数量论。货币数量论历史悠久,最早由16世纪的法国经济学家波丹提出,继承了这一传统的是美国经济学家弗里德曼的现代货币数量论。其基本思想是货币的价值和物价水平都是由货币数量决定的。货币的价值与货币数量呈反方向变动,物价水平与货币数量同方向变动。也就是货币数量越多,货币的价值越低,物价水平就会越高;反之,货币数量越少,货币的价值越高,而物价水平越低,如图7.2所示。

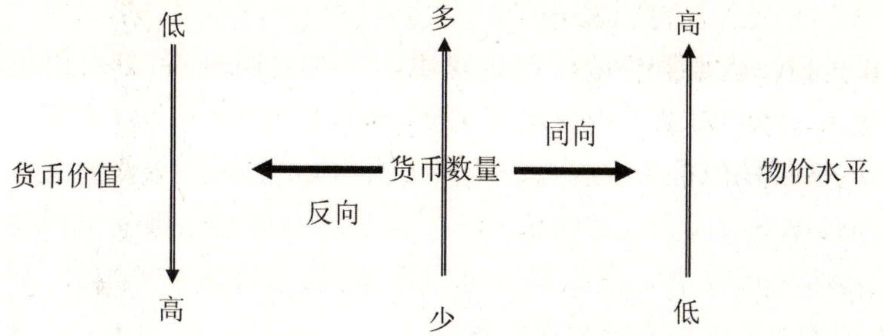

图 7.2　货币数量论

可能我们大家还是不太明白，一会儿货币数量，一会儿货币价值，一会儿物价水平的。

讲解员老师看着大家一脸的疑惑，赶紧给大家梳理了其中的关系。她举例说 20 世纪 80 年代她上小学时，最流行的胡萝卜棒冰 1 根只要 5 分钱，1 根胡萝卜牛奶雪糕要 1 毛钱，如今胡萝卜牛奶雪糕基本得 2 元 1 根。这是因为大家更喜欢胡萝卜牛奶雪糕了吗？根据市场的供求变动规律，如果胡萝卜牛奶雪糕的需求增加，就会刺激雪糕价格的上升。但更有可能的是，这种价格的变动仅仅是随着时间的推移，用来购买雪糕的货币变得不值钱了。那货币为啥不值钱了呢？当然是因为物价水平上涨了，我们以同样的货币量无法买到和过去一样多的商品了，看来通货膨胀是把我们手里的雪糕变成了冰棍甚至白开水的小恶魔啊。换句话说，今天的 1 元钱和 20 年前的不一样，和 20 年后的也不一样。

如果 P(price level)代表物价水平，P 可用 CPI(consumer price index)指数(也就是消费者物价指数)来反映，它是消费者用于购买固定一篮子商品的现期支出与基期支出之比。世界各国通常会采用 CPI 指数作为指标来测定通货膨胀的水平，除了 CPI，还有一个 PPI(producer price index)指数，即生产者物价指数。与大家的生活水平息息相关的就是 CPI 指数了，如果在过去的 12 个月里 CPI 指数上升了 5%，就表示生活成本比 12 个月前上升了 5%，当大家的生活成本提高，大家持有的货币价值就会下降。那么，一年前收到的一张价值 100 元的纸币，一年后的今天大家只能买到价值 95 元的商品，或者是说大家在去年的今天用 100 元就能买到的商品，今年再去买的话就得花比 100 元更多的钱才能买得到。

因为 P 衡量了购买一篮子商品所需要的货币数量，那么 $\frac{1}{P}$ 衡量了 1 元钱的货币价值。就像雪糕的市场供求决定了雪糕的价格，货币价值取决于货币的供求。货币供给是中央银行直接控制的外生变量。货币需求取决于很多因素，人们出门带多少现金与习惯、购物地点能否刷卡都有关。但经济学家认为最重要的因素还是物价水平。人们持有货币是因为货币是交易媒介，持有多少货币取决于商品和劳务的价格，如果物价水平上升，货币价值下降，人们就会需要更多的货币数量。

当实际物价水平高于均衡物价水平，人们想要持有的货币数量就会超过实际持有的货币数量，物价水平就会下降，货币价值上涨直到均衡。反之，物价水平就会上升，货币价值下降直到均衡。当且仅当货币供求实现均衡时决定了货币价值和物价水平，如图 7.3 所示。

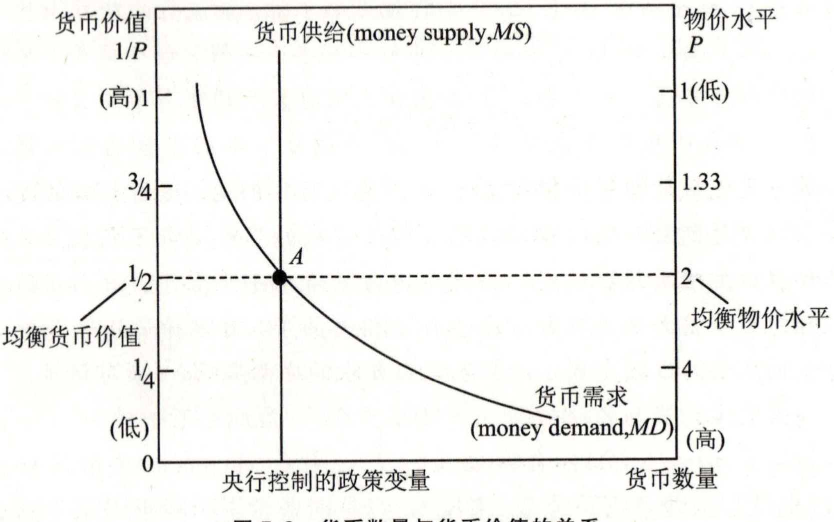

图 7.3　货币数量与货币价值的关系

如果中央银行通过“两降低和一买进”（降低法定准备金率、降低贴现率和公开市场买进）增加了货币供给量，改变了货币市场初始均衡，人们实际持有的货币数量超过了他们想要持有的货币数量，就会使得物价水平上升，货币价值下降，如图 7.4 所示。这就印证了货币量增长是引起通货膨胀的主要原因，也就是米尔顿·弗里德曼眼中的“通货膨胀永远而且处处是一种货币现象。”

18 世纪伟大的英国哲学家休谟及其同时代的学者将所有变量分为两

类:一类是以货币衡量的变量——名义变量;另一类是按实物单位衡量的变量——实际变量。在他们看来,货币量的变动仅对名义变量有影响,对实际变量没有影响,这种货币变动对实际变量的无关性称为货币中性。

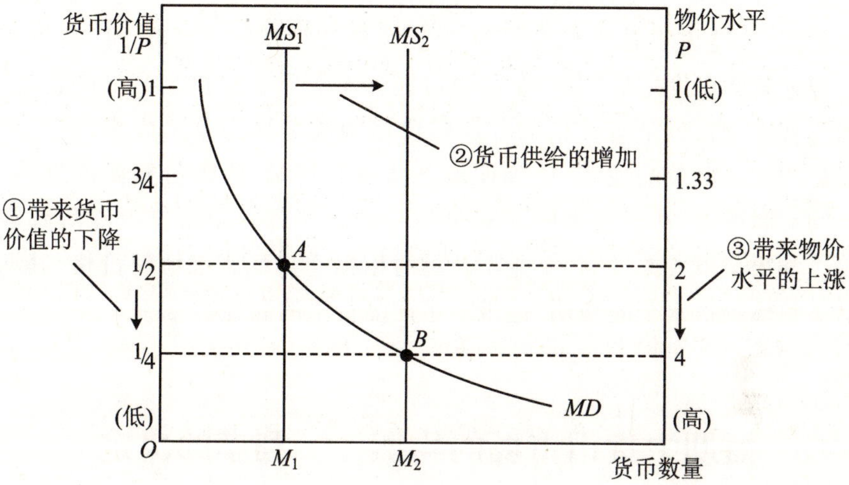

图 7.4　货币注入的影响(长期)

如果中央银行使货币供给翻一番,人们会千方百计把这些超额货币数量花出去,他们可能会直接增加购买商品,也可能会购买债券或者去银行存款并形成对其他人的贷款,也刺激了其他人对商品的购买。总之,货币的注入增加了商品的需求。可是,社会生产商品的能力并没有变。在长期,生产取决于可获得的物质资本、人力资本、自然资源和技术知识等实际变量,所以流通中可供购买的商品量并未能增加。那么,翻一番数量的货币与同样数量的商品相对应,必然的结果就是物价水平翻一番。以价格表示的商品价值——名义变量多了一倍,或者说作为计价单位的货币价值下降了一半。

通货膨胀发生后,大家会感觉糟糕,这是因为物价上升,货币价值下降,等量货币能够买到的商品减少了,看来通货膨胀直接降低了生活水平。其实,进一步思考就会发现,当物价上升时,我们为商品支付更多的同时,商品出售者得到的也更多了,人们的收入往往和物价水平在同步膨胀。在这种情况下,通货膨胀并没有降低人们的实际购买力。换句话说,如果物价水平上涨一倍,收入维持不变或上涨速度达不到一倍时,人们的实际购买力才会下降,也就是得看收入跑得快还是 CPI 跑得快！如果这一年大家拿进口袋的收入增长了 5%,但是 CPI 同期也增长了 5%,那么大家拿进口袋的收入实际增长为0。

但如果通货膨胀过快，会让大家感觉花钱如流水，为了减少损失，人们会将手中货币尽快兑换成那些币值坚挺的货币或购买来实物，为此人们需要到处奔波，磨穿了皮鞋底，经济学家将其形容为皮鞋成本。实际上透过字面去理解，皮鞋成本是人们为了减少货币持有量所牺牲的时间、精力和方便。但通货膨胀发生后，有些企业也可能并不急于调整自己产品的价格，这是因为变更价格也是有代价的。调整价格的成本称为菜单成本，这个词来自餐馆印制新菜单的成本，比如印刷新清单和目录、为新价格做的宣传、报送中间商和顾客、甚至处理顾客对价格变动的怨言乃至价格上涨后顾客的流失。如果菜单成本过高，企业不会适时根据通货膨胀来调整价格，其调整滞后于整体物价水平的变动，也带来了产品价格的黏性。

短期中货币市场的均衡——利率的决定

凯恩斯以前的古典学派认为，投资与储蓄都与利率相关：投资是利率的减函数，即利率越高，投资越少，利率越低，投资越多；储蓄是利率的增函数，即利率越高，储蓄越多，利率越低，储蓄越少；投资与储蓄相等时，利率就确定下来了。凯恩斯打破了古典二分法，他用利率把实物市场与货币市场联系起来，货币市场决定了利率，利率会影响实物市场，所以了解货币与经济之间关系的核心就是利率的决定。货币的实际供给量是由中央银行控制的外生变量，它衡量了人们手中实际持有的货币数量。

货币的需求衡量了人们出于各种动机想要持有的货币数量。持有货币的动机有三种：一是个人购买消费品，企业购买生产要素等正常的交易活动而需要货币的交易性动机。出于交易性动机的货币需求量主要决定于收入，收入越多，用于交易的货币量就越多；反之，越少。二是为预防诸如事故、疾病、失业等意外开支而需要事先持有一部分货币的预防性动机。交易动机下的货币需求主要用于即时支出，预防性动机下的货币需求则用于以后的支出，但量的多少也是主要取决于收入，而且与收入成正比。三是指人们为了抓住有利的购买有价证券的机会而持有货币的投机性动机。注意是投机，而不是投资。投机在这不是贬义，是指善于捕捉住机会使财富增值。

通常人们会以货币和有价证券来作为财富保有的形式。持有货币很方便，流动性强，但是不能增值，所以人们需要利用有价证券的价格差，也就是捕捉住低价买进、高价卖出的机会来实现财富的增值。

有价证券的价格与有价证券的收益成正比，与利率成反比，即

$$\text{有价证券的价格}=\frac{\text{有价证券的收益}}{\text{利率}}$$

可见，有价证券的价格会随着利率的变化而变化，人们对有价证券和货币的选择也就随利率的变化而变化。当市场利率越高，则意味着有价证券的价格越低，人们就会抓住有利的机会，用货币低价买进有价证券，以便今后证券价格升高后高价卖出。于是，人们手中出于投机性动机而持有的货币量就会减少。反之，市场利率越低，则意味着有价证券的价格越高，人们就会抓住时机将手中的有价证券卖出，转为持有货币，以待将来证券价格下降（利率上升时）再购买，所以出于投机性动机而持有的货币量就会增加。因此，对货币的投机需求取决于利率，其需求量与利率成反比（如图 7.5 所示）。有价证券的价格可以表示为

$$\text{有价证券的价格}=\frac{\text{有价证券的收益}}{\text{利率}}$$

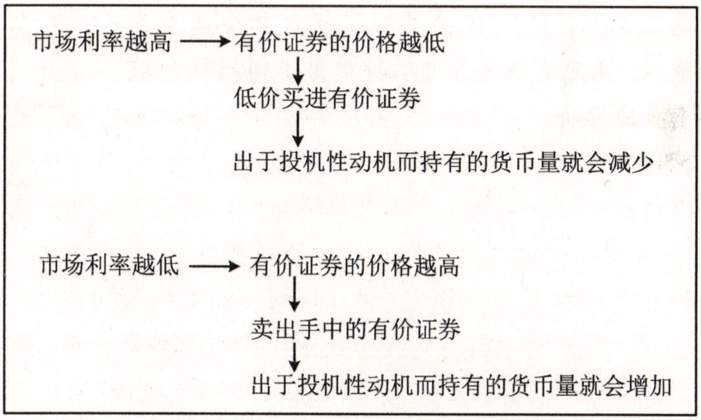

图 7.5　货币投机需求与市场利率的互动

如果中央银行通过“两降低和一买进”（降低法定准备金率、降低贴现率和公开市场买进）增加货币供给量，就会使得人们手中实际持有的数量超过想要持有的货币数量，多余的货币就会用于有价证券的购买，于是对证券的需求增加，证券的价格会上涨，利息率下降。但是如果当前利率已经非常

低，低到不能再低，也就是利率只会上涨，不会下降，此时有价证券价格极高，人们只会抛售有价证券，选择持有货币，即使中央银行增发货币，再多的货币人们也只会持在手中，不会增加对有价证券的购买，证券价格保持不变，利息率也不会下降，这就是“流动性偏好陷阱”。

如果中央银行通过“两提高和一卖出”（提高法定准备金率、提高贴现率和公开市场卖出）减少货币供给量，就会使得人们手中实际持有的数量小于想要持有的货币数量，人们就会抛售手中的证券以增加货币的持有，于是证券的供给增加，证券的价格就会下降，利息率上升。

记得有次课老师说过“现代市场经济的本质是货币经济”。卡尔·马克思把货币看成是一切权力的权力。作为商品交换的媒介，货币本身就是商品生产和发展的产物。它的形态随着商品、市场的发展也有了由低级到高级的演变，但无论形态怎样变化，都不可能改变货币的本质。毫无疑问，货币这一“比爱情更狂的事情”总能轻易成为焦点，受人关注。进一步说，“钱不是万能的，但没有钱是万万不行的”，我想前半句“钱不是万能的”说明了钱不能买到一切，后半句“但没有钱是万万不行的”充分体现了现代社会如果没有货币，一天也存在不下去，货币出了问题就会波及整个社会经济。

8 强暴欲的天敌

Buffy's Economics Journey

没有闹钟的假期就是这样令人愉快啊！ 不过，虽然没有闹钟，我依然是勤劳的巴菲兔，可是假期能够不慌不忙地起床，做一些想做的事情，比如醒来先躺在床上刷刷风靡我们比兔国的 TuTu 朋友圈，和大家躺着聊聊天，惬意啊！ 以后毕业了回忆起来也是很有趣吧！。

打开 TuTu 朋友圈，一下就看到了小杰学姐的最新日志和照片。 真好，小杰学姐昨日经过 4 小时的飞行，已经顺利到达了素食国，傍晚时分已经入驻了新学校，开始了求学新征程。 小杰学姐果然是学经济的，对物价超敏感，第一篇在异国他乡的日志就是一篇物价实录。

“呵呵，傍晚顺利到达，各位亲们勿念。 为了明天的新生活，晚上赶紧去了学校附近的大超市补给。晒一下素食国的物价，确实不便宜啊。

盒装 10 个普通鸡蛋——3000 蔬菜币（平均一个得 1.8 比兔币左右）；

洗衣粉 1 袋 3 kg ——6700 蔬菜币（还是选了便宜的，很多都要 9000 多蒸菜币呢）；

卷纸 1 提（24 卷）——20000 蔬菜币（一卷就得 5 比兔币，这对我这个用纸大户来说绝对不是好消息）；

洗衣皂、香皂 125 g——2000 蔬菜币（一块就得 12 比兔币，这是让我少洗几回衣服吗）；

方便面 1 袋——1000～1200 蔬菜币(胡乱买了几袋,以备不时之需);

素食国经典蔬菜拌饭——5000 蔬菜币(在素食国的第一顿,价值 30 比兔币啊);

苹果普遍价值 10～12 比兔币 1 个,橙子价值 8 比兔币左右,看来看去,只有盒装牛奶不算太贵,一般总在20～30比兔币左右一大盒,洗发水的价格也合适,和比兔国差不多……

这一刻，亲们，我强烈地想念比兔大学第一食堂的套餐，8～10 比兔币就吃得又好又饱了,素食国盛产蔬菜还这么贵。当然这和素食国人均收入比较高有关系,而且越来越多国家的国民都重视健康,如今素食国的蔬菜出口占了全球份额的 70%,蔬菜出口火得不得了,所以素食国内的蔬菜价格也是蹭蹭蹭地往上涨啊！不过亲们,得告诉你们,虽然素食国的蔬菜质量好,品种多,但是他们的胡萝卜就是没有我们比兔国的好,所以素食国国民吃的胡萝卜和胡萝卜制成品多半都是从我们比兔国进口的,他们国民很是自豪的经典蔬菜拌饭用的就是我们的胡萝卜。我还看到了我爱吃的兔干妈牌辣椒酱,本来还发愁万一吃不习惯怎么办,这下好了。

我还顺便看了看超市里的衣服,很多标签上都印着比兔国制造呢,看来两国在很多方面都有交集啊!

今天有点累了,就写这么多的流水账吧,等到周末有时间,我再去市区看看,到时有什么一定和亲们分享。”

我把日志念给大家听,大家都好羡慕小杰学姐,我们一定要向小杰学姐学习,也得努力给自己创造机会,赢得未来!

起床后，大家收拾好就来到“真实世界”经济学乐园，直奔乐园8号馆。远远就看见了8号馆的馆名“强暴欲的天敌”，这也太震撼了。馆口处的牌匾介绍说法国历史学家、政治家、政治社会学的奠基人德·托克维尔认为“贸易是所有强暴欲的天敌”，它促使人们独立并充分意识到自身的重要性，引导人们管理自己的事务并教会他们如何走向成功。因此，贸易鼓励人们追随的东西是自由而不是革命。看来小杰学姐在素食国经典蔬菜拌饭里能吃到比兔国的胡萝卜，能买到兔干妈牌辣酱，我们在这能吃到素食国的彩色花椰菜，都是托贸易的福啊！

“样样通，样样怂”的学问

和好吧！兄弟

刚进到展区一，就看到了演播厅里放映的情景剧，这一幕发生在心细却急脾气的小轩和大大咧咧的大树之间。

啊，大树，我刚打扫干净，你又……
呸，口香糖都没味道了！
烦！
能不能顾及一下别人的感受？
真啰嗦！
你能不能注意一下个人卫生？
不要总是依着自己的小性子行么？
我忍！
你可是我朋友哎，你行，把我的自行车和辅导书拿给我，我自己要用！

我有那么小气么？
No
Love
小轩那么说都是为我好，好想念我们一起玩耍的时光。
嗨，小轩！咦？怎么感觉你似乎有些不开心？
唉，别提了，我和大树吵架了！
你是为了大树好，可是这样闹矛盾，岂不背离了你帮助他的初衷么？
谢谢杉杉，我不愿失去大树这个朋友，我去找他！

和其他小伙伴一样，小轩和大树两人也会闹矛盾，而矛盾又成为了加深彼此理解的催化剂，两人若能互相帮助，彼此都能更好。

现实生活中，所有人都会因为每天的吃、穿、住、用、行所需要的商品和劳务，与其他人产生了友情之外的互帮互助，以自己所拥有的与其他人进行交换，这就是贸易这种经济行为。

当贸易从地区间扩大到国家之间时，就有了国际贸易。无论是引领繁荣、风光无限的从中国出发成为连接亚非欧的“丝绸之路”，还是带有掠夺性质的由东南亚诸岛通往亚非欧的“香料之路”，都是史上国际贸易的见证。贸易存在的理由很简单，因为“样样通，样样怂”。

8号馆的讲解员老师介绍说“样样通，样样怂”这句格言解释了为何一个努力去做每一件事的人，通常却以什么也没做好而结束。早在远古时期人类就有了分工，贸易——也就是“交换”是社会分工的必然结果。

公元前355年，色诺芬就在《经济论》中说到“性别差异是丈夫与妻子职责分工的基础”。他说男人和女人共同的品质就是注意力、记忆力及自我克制的能力，但“神”还让男人的身心更适合耐寒耐热、远途跋涉，而且具有勇气，适合于从事户外的各种活动；而神让女人胆小，有畏惧心理，所以女人们更适合从事养育婴儿，负担照管粮食、衣物等事务。因为各自有差异，所以需要相互合作。每一个人必须努力把担负的责任做好，共同养育儿女，从事各自有所长的工作。

随着商品经济的不断发展和社会文明程度的提高，大约两千年后的经济学之父亚当·斯密在《国民财富的性质和原因》中说道："如果一件东西在购买时所费的代价比在家内生产时小，那就永远不要在家生产，这是每一个精明的家长都知道的。裁缝不制作他自己的鞋子，而向鞋匠购买，鞋匠不制作他自己的衣服，而雇裁缝制作。农民不缝衣，也不制鞋，而宁愿雇用那些不同的工匠去做。他们都感到，为了他们自身的利益，就应当把他们的全部精力集中使用到比邻人处于某种有利地位的方面，而以劳动生产物的一部分或同样的东西，即其一部分的价格，购买他们所需要的其他任何物品。"

我想，这句话应该可以这样来理解，如果我的经济学老师想要一件出席特定场合的衣服，她可以选择自己努力去做好每一件与想得到的衣服有关的所有环节，自己种棉花，自己纺纱，自己织布，自己染色，自己设计，自己裁剪，自己缝制……但对经济学老师来说，教书会比做衣服更适合她，老师会用这份工作获取的报酬去商场买一件，或者去到专业制衣的裁缝那定制一件。商场由代理商供货，代理商会找制衣厂订货；裁缝也会去到布匹、钮扣专卖店，买来原料好给顾客量身定做。虽然老师在商场或者裁缝那得到了想要的衣服，但商场也好，裁缝也好，都不会将缝制一件衣服所需的一切原材料和人工全包下来，实际上也无法全包下来。

因为做自己最擅长的事情才是交换的基础。商场作为一个平台和交易场所，让有着各种需求的人在特定环境下就可以满足自己的需求，商场赚取了服装差价和场地费。裁缝凭借自己的手工技能得到了客人的认可和光顾，赚取了原料差价和人工费。商场员工和裁缝得到报酬后，又会去市场买来自己需要的商品和劳务。

如果一个人从事自己擅长的工作，就能够使自己的生产率尽可能的高。所以一个企业要想使自己工人的生产率尽可能的高，最好就是让他们从事他们擅长的工作。一个国家要想使本国的生产率尽可能的高，也最好是利用本国资源从事最擅长的领域进行产品生产。让自己、企业和国家运转得更有效率，关键不是生产一切，而是有所生产，然后有所交换（贸易），从而有所改善。

"可是，市场的参与者们生产什么用以交换，又得到了怎样的改善呢？"讲解员老师给我们大家提出了这个问题。大家七嘴八舌小声议论起来，可是说来说去都似乎没有一个很好的标准去体现所谓的"最擅长"。

农民与猪倌的故事

看到大家学习的兴致这么高，讲解员老师说要给大家讲一讲发生在农民和猪倌之间的故事。虽然现实世界由很多国家、无数人组成，每个国家都能生产成千上万不同类型的产品，每个人的喜好都多种多样，可是讲解员老师却假设世界上只有两个人——猪倌和种白菜的农民，只有两种物品——猪肉和白菜，而且，他们都极爱吃猪肉，又爱吃白菜。她说经济学家通常会采用假设这种方式来大大简化现实问题，让分析变得简单。如今，通过这种只有两个人和两种产品的假设，大家就可以集中思考，快速得出结论。一旦理解了只有两个人和两种产品的假想世界中的贸易，就可以更好地理解生活在其中的、更复杂的现实世界中的贸易以及国际贸易。

讲解员老师给出了农民和猪倌生产可能性的第一种情况：如果猪倌和农民两个人每天都各自工作 8 小时，农民只会种白菜，每小时能生产出 4 斤白菜；猪倌只会养猪，每小时能生产出 3 斤猪肉；农民把时间用于生产猪肉，猪倌用于生产白菜，那么双方都一无所获。32 斤白菜和 24 斤猪肉就是农民和猪倌两人 8 小时生产后的产出，如表 8.1 所示。

表 8.1　农民和猪倌第一种生产可能性情况

	1 小时所能生产出来的猪肉或白菜(斤)		8 小时所能生产出来的猪肉或白菜(斤)	
	猪肉	白菜	猪肉	白菜
农民	0	4	0	32
猪倌	3	0	24	0

猪倌和农民如果选择“老死不相往来”，自给自足的话，那么他们生产什么就只能消费什么，也就是“生产可能性＝消费可能性”。

可是农民无论以怎样的方式来烹饪白菜，煮、炒、凉拌、腌制甚至挤成菜泥，终归还是白菜；猪倌虽然有肉，但是终日以肉为食，虽然烧、炸、卤、煮、烤，各种方式都用了，终于肉还是吃腻了。很显然，“老死不相往来”的自给自足对两人来说，并不是想象中那么惬意，两人如果能够交换，贸易的好处立刻就能凸显出来，两人都可以用猪肉炖白菜了，此时，多样性促成了他们的交换。

那么，如果农民和猪倌都能生产猪肉和白菜，他们还有贸易的必要吗？讲解员老师又给出了农民和猪倌生产可能性的第二种情况：农民和猪倌互通有无，农民教会了猪倌种白菜，猪倌教会了农民养猪。

如表8.2所示，农民用1小时可以生产出4斤白菜或者1斤猪肉，之所以是“或者”，那是因为当农民把1小时用于生产白菜，就没有办法把同样的1小时用于生产猪肉了；猪倌用1小时可以生产出3斤猪肉或2斤白菜。所以当农民和猪倌把全部劳动时间用来只生产猪肉或白菜时，农民可以得到的全部产出就是8斤猪肉或者32斤白菜，猪倌可以得到的全部产出就是24斤猪肉或者16斤白菜。

表8.2　农民和猪倌第二种生产可能性情况

	1小时所能生产出来的猪肉或白菜（斤）		8小时所能生产出来的猪肉或白菜（斤）	
	猪肉	白菜	猪肉	白菜
农民	1	4	8	32
猪倌	3	2	24	16

为了吃上猪肉炖白菜，农民和猪倌都选择生产两种产品，假如他们各花4小时在两种产品的生产上，农民可以得到4斤猪肉和16斤白菜，猪倌就可以得到12斤猪肉和8斤白菜，如表8.3所示。如果他们选择了自给自足，他们各自的消费就仍然是由他们各自的生产决定了，也就是“生产可能性＝消费可能性”。

表8.3　农民和猪倌在第二种生产可能性下无贸易时的生产和消费

	农民8小时生产的猪肉和白菜（斤）		猪倌8小时生产的猪肉和白菜（斤）	
	猪肉	白菜	猪肉	白菜
农民	4	16	12	8
猪倌	4	16	12	8

当多样性不能成为贸易的理由时，农民和猪倌还有必要交换吗？如果能够证明在投入并没有增加的情况下（维持8小时生产不变），他们能够消费得更多，也就是“生产可能性小于消费可能性”的话，他们就比自给自足时过得要好。

如果农民1小时能生产出4斤白菜，而猪倌只能生产出2斤时，农民以单位投入(每小时)生产了更多的产出(4斤＞2斤)，在白菜生产上农民的生产率要高于猪倌，说明农民生产白菜比猪倌要擅长。虽然猪倌生产白菜不如农民生产率高，但1小时可以生产出3斤猪肉，农民只有1斤，所以猪倌生产猪肉的生产率要高于农民，比农民更擅长生产猪肉。

这种情况下，尽管农民和猪倌都可以生产两种产品，但两人各有所长，各有所短。这时，如果他们分工合作，以各自所擅长的产品作为主要或全部的生产对象，比如农民将8小时全用来生产白菜，猪倌将8小时全用来生产猪肉，他们一共就可以得到32斤白菜和24斤猪肉，这比他们各花4小时来生产两种产品时得到的白菜数量(16＋8＝24)和猪肉数量(4＋12＝16)要多，如表8.4所示。

表8.4　农民和猪倌在第二种生产可能性下有贸易时的生产和消费

	农民8小时生产的猪肉和白菜(斤)		猪倌8小时生产的猪肉和白菜(斤)	
	猪肉	白菜	猪肉	白菜
	0	32	24	0
	＋6	－12	－6	＋12
	6	20	18	12
无贸易时生产和消费	4	16	12	8
得自贸易的利益	＋2	＋4	＋6	＋4

猪倌拿出6斤猪肉换来农民的12斤白菜后，农民就可以享用6斤猪肉和20斤白菜，比之前要多出2斤猪肉和4斤白菜；猪倌也比之前能多享用6斤猪肉和4斤白菜。显然，两人通过分工和交换实现了“生产可能性＜消费可能性”，比之前自给自足时要好。

猪倌和农民生产的都是自己擅长的产品，这种擅长以生产率为依据，当生产者单位投入下产出更高，或者单位产出下耗用的投入更少时，生产率更高，这种以生产率为基础的优势被称为绝对优势。亚当·斯密在18世纪就论证了绝对优势是产生国际贸易的基础，当两个国家都按照其绝对有利的生产条件(即生产率高)去进行专业化生产，然后彼此进行交换，则对所有国家都是有利的，世界的财富也会因此而增加。就像猪倌和农民，两人分工的结果就是极大化了猪肉和白菜的产出。

讲解员老师接着又给出了第三种可能存在的情况……猪倌对白菜种植很有兴趣,从农民那学习回来后,苦心研究,种植技能大涨,生产率大幅提高,如表 8.5 所示。

表 8.5　农民和猪倌第三种生产可能性情况

	1 小时所能生产出来的猪肉或白菜(斤)		8 小时所能生产出来的猪肉或白菜(斤)	
	猪肉	白菜	猪肉	白菜
农民	1	4	8	31
猪倌	3	6	24	48

如今的猪倌不仅猪肉的生产率比农民的要高,每小时比农民多生产出 2 斤猪肉(3－1＝2),而且白菜的生产率也比农民的要高,每小时可生产出 6 斤白菜,也比农民生产的多出 2 斤。猪倌开始觉得既然自己生产两种产品都具有以生产率为基础的绝对优势,他还有必要同农民继续分工和交换吗?

于是,猪倌和农民又回到了自给自足的状态,他们两人和过去一样都各花 4 小时在两种产品的生产上,农民可以得到了 4 斤猪肉和 16 斤白菜,猪倌也得到了 12 斤猪肉和 24 斤白菜,回到了自给自足时的"生产可能性＝消费可能性"。

表 8.6　农民和猪倌在第二种生产可能性下无贸易时的生产和消费

	农民 8 小时生产的猪肉和白菜(斤)		猪倌 8 小时生产的猪肉和白菜(斤)	
	猪肉	白菜	猪肉	白菜
农民	4	16	12	24
猪倌	4	16	12	24

就这样一段时间后,猪倌又思考上了,过去自己和农民各擅长于猪肉和白菜的生产时,分工和交换让两人都从中得到了好处。现在难道就因为自己什么都擅长,就不能通过分工和交换得到好处吗?

我们正聊得兴起,讲解员老师却停了下来,让大家猜一猜问题的答案,然后她就不见了。猪倌和农民到底是能,还是不能从交换中得到好处呢？ 老师又去哪里了呢？ 大家很是好奇。

结果在大家面前降下了一块大白幕布，一场皮影戏上演了。原来会讲故事的讲解员老师是十足的多才多艺，竟然到幕后给大家表演上了。

后续的故事就这样接着开演了……

猪倌和农民

猪倌想了许久，他有了好主意，于是赶去了农民那里。

猪倌："哥们，我想和你说点事！ 我知道如何改善我们俩的生活。 我认为你根本没必要再生产猪肉，你把你全部的时间用于生产白菜就行了。 根据我的计算，如果你一天工作 8 小时，你可以得到 32 斤白菜。 如果你给我 15 斤白菜，我就给你 5 斤肉。 这样你就可以吃到 5 斤肉和 17 斤白菜。 比你现在的 4 斤猪肉和 17 斤白菜要多呢。"（如图 8.1 所示）

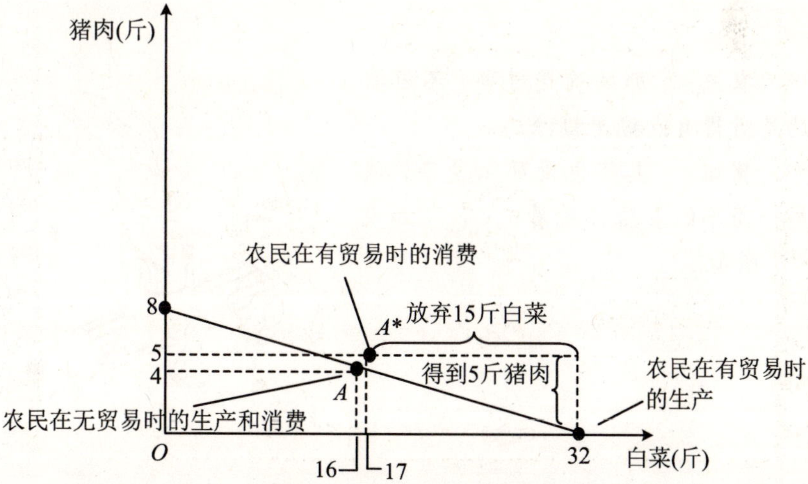

图 8.1　农民的生产可能性

农民：“听起来不错啊，但是我还是不太明白。既然这个交易对我这么好，不会对你也有好处吧？如果没有好处，你肯定也不会来找我！”

猪倌：“那还用说，当然对我自己也是有好处的。如果我每天用 6 小时养猪，2 小时种白菜，我就可以 18 斤猪肉和 12 斤白菜，给你 5 斤猪肉，我还有 13 斤呢。再加上你给我的 15 斤白菜，我就有了 27 斤白菜。你看，我也会得到比现在要多”（如图 8.2 所示）。

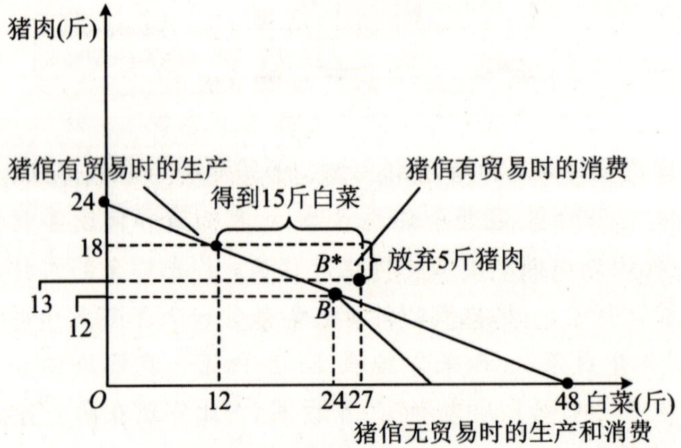

图 8.2　猪倌的生产可能性

农民：“那的确是好事，不过我还是听得有点糊里糊涂的。”

猪倌：“其实也没那么复杂，我画个简单的表给你看看吧。”（如表 8.7 所示）

表 8.7　农民和猪倌在第三种生产可能性下有贸易时的生产和消费

	农民 8 小时生产的猪肉和白菜(斤)		猪倌 8 小时生产的猪肉和白菜(斤)	
	猪肉	白菜	猪肉	白菜
	0	32	18	12
	+5	−15	−5	+15
	5	17	13	27
无贸易时生产和消费	4	16	12	24
得自贸易的利益	+1	+1	+1	+3

农民："看起来，表格中的计算是没有问题，可我总是有点不太明白。这种交换怎么就能让我俩都过得更好呢？"

猪倌大笑着说："那是因为我选择把更多的时间用来养猪，你把更多的时间用来种白菜。分工和交换让我俩都能在不增加投入的情况下，却能消费得更多。"

农民："可是你不是样样都比我能干吗，为什么你还让我种白菜呢？"

不止农民如此疑惑，我们大家也非常不解，毕竟猪倌看起来在猪肉和白菜生产商间都具有绝对优势，贸易的好处如此不明显，却又真真切切通过贸易为他俩带来了好处。这下猪倌又会给出怎么的解释呢？

表演完皮影戏的讲解员老师又回到了大家身边，她告诉大家，完全可以放下生产率为基础的生产优势，更换个角度来思考他们的生产优势。因为资源是稀缺的，为了得到某种东西而放弃掉的所有就是得到这种东西的机会成本，如表 8.8 所示。

表 8.8　农民和猪倌生产猪肉和白菜的机会成本

	生产 1 斤猪肉的机会成本	生产 1 斤白菜的机会成本
农民	4 斤白菜	0.25 斤猪肉
猪倌	2 斤白菜	0.5 斤猪肉

当猪倌用 1 小时生产出 3 斤猪肉的时候，他就不能再用这 1 小时来生产白菜，换句话说，猪倌为了生产 3 斤猪肉就放弃了 6 斤白菜，也就是 1 斤猪肉的机会成本是 2 斤白菜。当然，如果猪倌把 1 小时用来生产 6 斤白菜，就必

须放弃3斤猪肉的生产,1斤白菜的机会成本是0.5斤猪肉。

农民为了生产1斤猪肉会放弃4斤白菜的生产,而为了1斤白菜会放弃0.25斤猪肉。

也就是说,为生产1斤猪肉,农民得放弃4斤白菜,而猪倌只需要放弃2斤。当生产一种物品(猪肉)所放弃的另一种物品(白菜)较少时,意味着生产这种物品(猪肉)的机会成本越小,这种建立在较小机会成本基础上的优势被大卫·李嘉图称为比较优势。因为猪倌为生产猪肉放弃的白菜比农民放弃的要少,所以猪倌生产猪肉具有比较优势。

而农民为生产1斤白菜仅需要放弃0.25斤猪肉,比猪倌所放弃的0.5斤猪肉要少,所以农民具有生产白菜的比较优势。

两人选择各有比较优势的产品进行生产,那么猪倌就应该生产猪肉,农民应该生产白菜。通过分工和交换,两人再次将"生产可能性<消费可能性"变成了可能。

也就是说,尽管猪倌能擅长于生产一切,也不意味着他需要自己生产一切。可是猪倌为什么可以在两种物品生产上都具有绝对优势,却无法具备一切的比较优势呢?实际上,一个人在所有的物品生产上都具有比较优势是不可能的,因为一种物品的机会成本是另一种物品机会成本的倒数,如果一人生产某种商品的机会成本较高,生产另一种商品的机会成本必然较低。所以,一人在一种物品上有比较优势,另一人必然在另一种物品上有比较优势。除非两个人有相同的机会成本。

机会成本和比较优势的差别产生了贸易的好处,农民和猪倌的故事告诉我们:贸易可以使社会上每个人都获益,因为它可以让人们专门从事自己具有比较优势的生产活动。李嘉图的比较优势学说比斯密的绝对优势学说更具有普遍的意义。

对一个各方面都强大的国家或个人,聪明的做法不是仰仗强势、四面出击、处处逞能或事必躬亲,而是应该将有限的时间、精力和资源用在自己最擅长的地方。即使一国或个人完全处于劣势地位,也不必自怨自艾,抱怨先天不足,因为基于比较优势的分工和贸易仍然会发生,贸易的好处会为大家共享。

只会种白菜的农民和只会养猪的猪倌在友好交易的情况下,能够吃上猪肉炖白菜,可是如果农民和猪倌都会种白菜和养猪,甚至猪倌有可能无论白菜还是猪肉都能比农民生产得要多,选择交易也一定总能比老死不相往来要过得好。想起初到比兔大学上学，没离开过家门的我很想家，认识了小雨、小雪和小琪后，我们四个人经常一起参加各种各种的活动，尤其是小雨，我们特别合得来，热爱运动的小雨经常督促我一起去锻炼，她还教会了我游泳，而小雨也因为我的阅读习惯爱上了看书。能和小雨成为好朋友真的很开心，一起玩耍，互相照顾，默契地讨论各种专业知识，所以这一年我们都进步很大！

暑期在真实世界经济学乐园的这8日游，我和小雨她们在轻松愉快中学习到了不少经济学知识，大家都好希望“真实世界”经济学乐园的第二期快快开园哦！

后记

这其实并不是一篇单纯的后记。“一只小兔子去讲经济学”，最初只是想想，但点点滴滴的累积真的让这变为了现实。巴菲兔来到我的世界并不突然，一切似乎在20年前就已经注定了……

每个人的生命里都有很多与青春有关的回忆，我也一样。6个女生相依相伴、共同成长、有笑有哭的4年是我青葱岁月里无法割舍的一段，老大兔八哥、老二米奇、老三老鸭(亚)、老四四毛、老五阿蒙和长了天生兔牙的我——大家喊我小兔或兔子。1996～2000年我们一起在安徽大学(以下简称“安大”)老校区的206栋楼406和407寝室留下了太多欢笑。那时四大天王还很红，单曲王馨平的《别问我是谁》、王杰的《一场游戏一场梦》、周华健的《花心》、王菲的《闷》、张惠妹的《姐妹》、许美静《都是夜归人》、熊天平的《蓝色多瑙河》、许茹芸的《独角戏》、陈淑桦的《滚滚红尘》、张信哲的《过火》、郑中基的《你的眼睛背叛你的心》……太多太多，尽管这些歌曲未必是这些歌手的代表作，但支支都有我们青春的记忆，《祈祷》《相亲相爱》更是集体活动时出现频率最高的歌曲了。因为都爱听歌、唱歌，后来我们就有了室歌——李度的《舍不得把眼睛睁开》。那时练歌的好地方不是什么卡拉OK，而是宿舍楼的水房，在那里锻炼了一批批高水平的歌手。说到这里，不得不提的是，大学时代我最钟爱的歌手就是张信哲了，之后对其他歌手的喜爱都远不及那些年对阿哲的痴迷，至今我仍保有阿哲的很多卡带，特别是我有在卡带歌词纸上记录购买日期的习惯，毕业后搬来搬去，即使如今上网可以随时点开音质更好的歌曲，但这些卡带也绝对舍不得丢弃，只要一打开它们，大学生活的气息就扑面而来。

那时安大进出以北门为主，北门口进来就是家属区，生活气息浓厚。大一、大二时我们班男生宿舍和我们紧隔一个篮球场，都在三食堂这边，紧邻大礼堂、邮局、银行、澡堂、书店、面包房和北门，生活方便。到了三年级，男生们被调整搬去了理西楼那边，因为距离北门太偏远，那边的宿舍被喻为“西伯利亚”。大学的前两年我们住在206楼406室，那时没有手机，所以楼上楼下的联系方式基本靠吼，宿舍楼仅有的一台电话在宿管阿姨的办公室里，如果找人，电话就打到0551-510××××，阿姨会问找某某某房间谁谁谁，然后就在楼下吼寝室号码，接电话的人就会拿着五角钱下去接了。如果有些人想煲电话粥，那绝对不能在早晚下课回来吃饭的高峰期打进来，否则不仅要加钱接电话，还得遭人嫌弃，一栋楼一两千女生就依靠那么一台电话，可想而知。除了宿舍阿姨会吼，男生们找我们办各种事情或者打各种比赛，就会在楼下喊“406”“407”，我们是他们场上的坚强后盾，热情拉拉队！

如今想来，我们6人也就是名副其实的“吃货”，因为在别的寝室女生们疯狂学打毛衣、做女红时，我们6人却誓把周边美食尝个遍。生日、节假日时，6人往往都是一起觅美食去了，完全对现今大学校园女生普遍追求的减肥、骨感之类没有一丝一毫的概念，尤其当时对肉的渴望是非常强烈的，毫不隐藏。那时安大无论东西南北门、天鹅湖畔、宿舍楼周边，只要新开了餐馆，我们都会前去品尝。小吃一条街里的青椒肉丝炒饭、牛肉炒饭，胖子拉面馆的牛肉拉面，四川红油饺店的排骨面和水饺，宿舍楼下10元一个素菜不限量的鸡火锅，北门的烤鸭、海白菜、猪耳朵丝，随处可见的凉皮和炸串，腐竹、小鱼、绿豆丸子、年糕、火腿肠什么都可以串串炸，香蕉裹上薄薄的面炸好后浇上一层炼乳，那滋味就是一个“美”字！味道最鲜美的还是北门口小广场上每到下午四点半以后，有那么几对勤劳热情的中年夫妻用板车拖来的砂锅摊，吃得多了就熟悉了，和他们聊过，都是企业改制后自谋出路者，如今看来卫生条件不那么好的砂锅里要么是厚实入味的卤牛肉，要么是现做的肉丸煮的三鲜加上爽滑的粉丝，还有麻辣小龙虾，总是让人念念不忘，每一家的砂锅都好吃，那完全就是一个竞争性市场，虽然我们也会因为更投缘较多地去某一家。

吃货的世界总是简单又幸福的。记得老大娘亲最擅长做肉末酱，老二娘亲擅长做卤鸡，还会从家给我们带一种特别的菜，一吃必然打喷嚏；老三家就在合肥，她娘亲每年都会做一大桌好吃的招待我们；老四娘亲擅长做牛肉；老五娘亲擅长做油炸酥脆柴火锅巴和馓子；我娘亲最拿手的是徽式杂酱、红烧肉和雪菜肉丝……那时交通不便，每学期开学那几天，五一、国庆长假结束返校回来那几天，几位娘亲或其他家人朋友来校慰问那几天，这些美食都会在寝室内大放光彩，无人吝啬，带到寝室的东西就是共享的。6人中我是离家最远的了（黄山），在芜湖长江大桥都没通的日子里，家校之间的连通必有的回忆就是那趟天近黄昏，但天仍算还亮时就出发，傍晚到达蚌埠，夜晚穿过南京长江大桥，半夜回到安徽芜湖，黎明才到家的合肥—厦门的绿皮车，足足14个半小时，所以除了寒暑假回家，有时五一、国庆长假由于票太紧张都不能回去，而娘亲太爱我了，即使晕车晕得死去活来每学期都会抽时间来学校看我一次，必备足足一钢精锅的糖色带精带肥的红烧五花肉、用冬笋鲜肉香菇丁豆干加上娘亲自己做的辣椒酱，娘亲亲手腌制的干净香脆的雪里蕻炒肉丝（路途遥远，都是带些不易坏的菜品）……带到合肥早已经凉透了，但这绝对不是问题，当时人手必备小酒精炉和小铝锅，主要用来煮个方便面，特别是加了鸡蛋的方便面，幸运牌蟹黄口味的方便面，整锅肉到校了，我们也是用那手掌大的酒精炉作为炊具，火力太微小，所以常常是红烧肉还没热甚至还没温，就到肚子里了……后来芜湖长江大桥通了，黄山到合肥的火车缩短为7～8小时；再到合铜黄高速通了，大巴车4个半小时就能到达；2015年6月高铁通了，20年前的14小时半骤缩为1小时40分钟左右，其中最快的一趟仅仅1小时20分钟。如果此时还在学生时代，那娘亲送肉进合肥的旅程也就不那么艰难了。

除了上课，玩乐、读小说也是那时的爱。当时图书馆的藏书不如现在丰富，加上学术水平有限，读那些学术型大部头有困难，所以看得最多的还是小说书和报纸了。当时我看得最多的是译林出版社翻译的西方现代小说，寒暑假时每每都不怕沉，必借满15本从合肥背回黄山慢慢品味。平日里我和四毛还喜欢去北门口的书店租书，每次我们都各租一两本，看完后交换看。那几年的阅读量真不算少，如果看过的那些小说都变成了学术书籍，我现在说不定也能“胸有小竹”了。那时北门口还经常有人用板车拉书来卖，回头想想，才知道那些便宜的书很多都是盗版的，像《卡耐基励志格言》《平凡的世界》等书在学校的市场占有率是很高的。后来校园内有了一家三立书店，里面书的价格会高一些，但不卖盗版书，而且很多专业书籍是市区新华书店买不到的，在没有卓越、亚马逊、当当的日子，三立书店是我当时和后来读研时购书最多的地方了。

转眼几个春夏秋冬，毕业了，各奔前程，一切好像都有默契和约定，离开的时候我们没有哭，似乎只是谁离开寝室去打个水买个饭什么的。2002年我在安大读研时，借住在小姨的青年宿舍里，四毛那时还在合肥上班，一到周五我们就开始一起过周末，她常常会在单位附近的“紫燕百味鸡”给我带喜欢的夫妻肺片和鸡翅。那年合肥花冲公园弄了一个过山车，规模并不算大，但当时在合肥也是唯一的，我和四毛还一起去体验，果不然过山车翻转时，又不能戴眼镜，模模糊糊地被过山车绕来绕去，我也和其他人一样通过大叫来排解心中的恐惧，四毛就在旁边哈哈大笑，下来时，我问她是不是不够刺激，她说哪里刺激得起来哦，因为我坐在翻转后朝地面的一侧，她在我旁边，一翻转她看见的就是我，好吧，万一摔了，我给她做大垫子垫着……2003年阿蒙研究生毕业时来合肥试讲，我们仨一起住在我的房间，还专门去了安大的食堂吃饭回味。2010年8月毕业10周年在上海聚会时，我、四毛、阿蒙仨先到，第二天老大也赶来了，我们四人挤在一个房间里，聊啊聊啊，一夜几乎无眠。2011年我外派到韩国一所大学讲学一年，国庆时入乡随俗的我没有长假，但适逢周末，四毛和她的朋友一起来首尔自由行，我从大田赶到首尔四毛预订的住地，待到夜里10点多四毛才赶到，两人又痛快地聊到夜半，第二天一大早我要赶回大田上班，在地铁明洞站拥抱告别时，依然没有哭，不是因为不想在一起多待一会儿，而是我们内心坚定地觉得一定会很快再见的。2012年8月我和朋友一起带孩子去东极岛游玩，回来时去了宁波，阿蒙特意从城市另一头赶过来请我吃饭。2013年9月和2015年6月，四毛两次借年休假回安庆老家时来黄山找我玩，在一起又像读书时那样同进同出、同吃同喝玩耍了几天。2016年4月至5月，我去台湾南部一所大学讲学，四毛也带她的父母去旅行，可惜这次因为不能自由行，我的工作安排也紧张，两人没配上时间见面，不过我们并不遗憾，因为下一次的相逢一定会很快到来！

2000年毕业时我来到了当时还是黄山高专的黄山学院任教，转眼也17个年头了，兼职做过系团总支书记、辅导员、教学与行政秘书、女工委等工作，现在比较单纯些，主要承担经济学课程的教学和负责相关教研室及专业建设。其实回想当初，当年6人中我最小，也数我学习最不用功了，后来没承想毕业后应家人的要求回到黄山，我成了一名老师。毕业之初老大和阿蒙也做过老师，后来老大追随爱情北上去创业了，阿蒙也转考了公务员，我却一直坚守在校园里。虽然非师范专业出身，但既然选择了，也是做一行爱一行。做老师，三尺讲台是根本，但绝不能只为了教而教，重要的是思考。每一节课我都要求自己有备而来，对教学内容了然于胸，希望自己能够把厚书讲薄、把薄书讲厚，做到游刃有余。

这些年，我主要讲授微观经济学和宏观经济学课程。标准范式下的西方经济学原理体系庞大，主要介绍西方资产阶级经济学家有关市场经济运行的规律、方法等，内容众多，并通过数理分析构建了极强的逻辑性，大量的图表分析、公式计算以及众多仅凭字面及日常生活经验很难理解的经济学术语及原理等往往使得经济学专业学生都感觉困难，更不要说无专业基础的普通读者了。“经济学”被誉为“社会科学皇冠上那颗最为璀璨的明珠”，做了一名经济学课程的老师，经常感受到身边人对它的兴趣或者误解，常常希望自己能够让更多的人去感受到这颗明珠的光芒，希望融阳春白雪于下里巴人的世界。经过一些积累和沉淀，2013年我成功申报立项了安徽省精品视频公开课程“经济学是什么”，促成了我的想法转变为现实。

“经济学是什么”的定位是不仅能够规范每一个经管类专业学生学习和运用现代经济学理论的标准用语，更重在能为社会公众及非经管类专业学生拓宽视野，提升人文科学领域有关经济学方面的素养，并通过现代化的手段，以生动的播放形式作为载体有效吸引社会公众和各类专业学生对经济学原理的主动关注。

为了讲解生动，我前后撰写了十几万字的讲稿；针对网络现有课程普遍缺乏学生参与互动的现实，我组织了三十多名大学生针对每一讲选题拍摄了系列大学生活情景剧，借大学生的真实生活来反映相应经济学原理。这些学生中除了三位是大一的，其余都是大二的，平日课程特别满，为了这些情景剧，说到底，就是几分钟的情景剧，真的是牺牲了很多课余时间。我们从零开始撰写情景剧剧本，集中彩排，在食堂、超市、创业区、面包房、操场、寝室、教室、听松湖、礼堂前等实地彩排足足十个月。除了剧本，拍摄用服装、茶杯、篮子、鸡蛋、大米、酸奶甚至蛋糕宣传册等各项道具的准备及化妆，学生拍摄时安全和秩序等，事无巨细，我样样躬行，情景剧中每一句对白都做了讲解，每一个表情和动作都做了示范，每一个细节都仔细关注。

2015 年 5 月的最后三天正式拍摄，因为超星团队的时间不允许他们在黄山多停留，只能集中拍摄，而学生情景剧涉及大量的外景，全部 8 讲室内视频必须在一天内录完。异常紧张的三天，均是上午 6 点就进入拍摄，到晚上 10 点半收工。去到现场才知道拍摄与课堂实录的区别，那几天出奇炎热，但窗户必须密闭，拍摄时为保证声音效果不允许有风扇和空调，为了拍摄形象效果，穿着外套的我连续拍摄了 12 小时，深刻体会到汗流浃背的感觉，刘海不时粘在额头，尤其是由于下肢不能动血液不流通，完全肿胀。第二天、第三天拍摄学生情景剧时，遭遇了大风雷雨天气，大家在风雨中没有丝毫怨言，拍摄前后表现出的优秀素质得到了超星团队的一致好评。

拍摄完成并不意味着结束，后期制作老师都是非经济学专业出身的，而经济学课程又不同于一般文科课程，简单选择图片、文字等搭配即可，很多内容有很强的逻辑性，需要层层递进，为了后期制作，光对接我就专门前往合肥超星公司两次，电话更是无数，最终 7 月 8 讲视频的第一次样片出来了。然而效果并没有达到我的预期，仍然需要做很多修改。视频上有时间节点，为了尽量完美，需要每一分每一秒地细看，发现瑕疵就记录并提出修改意见，仅第一次样片返修意见就撰写了 4 万多字，虽然没有学过美术，却为了视频修改画了多张手工示意图。等到 9 月下旬第二次样片出来，又撰写了 7000 多字的修改意见。8 讲视频每一讲均在 30 分钟左右，8 讲完整看一遍就需要四五个小时，几次修改下来，也不知投入了多少时间，如今，总算没有辜负当初致力于实现经济学原理的科学性、系统性和通俗性、趣味性有机结合的设想，顺利以优秀结果结题！这项成果的获得离不开这些可爱的学生，他们却告诉我这一切是因为希望和他们心中一位做事认真的老师一起有一个美好回忆！

2015年7月我去超星公司做视频课的后期对接时，又就一本教材建设前往中国科学技术大学出版社的编辑沟通，聊起手头在做的视频课，光视频的讲稿和校园情景剧剧本的创意上，编辑就觉得非常有意义，于是当场有了以我为原型的兔兔大学生畅游“真实世界”经济学乐园的想法，并碰撞出了把情景剧漫画化的火花。

从合肥回来后，我通过同事介绍找到了李珊珊同学，珊珊又帮我找到了杭璇同学，她们俩是我们经管学院会计班的学生，之前并没有带过她们班的课，适逢暑期，我们从第一次用电话联系上开始直到整个暑假过完都未曾见过。仅通过电话和网络，她们两人就和我一起与巴菲兔结上了缘分，我们三个人在三个地方以视频中校园情景剧剧本为基础，以一腔热情在接下来的三个月时间里，用A4纸为画本，共同创造出了100多幅手工画，其中包括巴菲兔的原型、插画、情景剧、场馆等。三人中一个是不懂画的老师，两个是非绘画专业的学生，我们画了改，改了画，讨论需要改进的地方和细节处理，创作过程中不乏艰难，但更多的是一起合作的喜悦，非常感谢珊珊和璇的付出，中间珊珊还在牙痛的折磨下坚持创作，尽管她们一再表示这是将爱好与专业结合的好机会，实现了她们爱画画的小梦想，可是我知道那样的三个月她们牺牲了多少时间。9月份开学时，终于见到了她俩，因为巴菲兔，我们三人之间有了一份不一样的师生情谊，尽管我比她们大了差不多15岁，但我们之间没有一丝陌生感，非常投缘。

之前在中国科学技术大学出版社出版过一本学术专著，深刻体会到这是一家非常严谨的出版社，这本书的创意得到了出版社编辑们的关注，当时给主角兔兔取了很多名字，最后定下的“巴菲兔”就是出版社的编辑给出的好建议。怕快递丢失了画稿，我自己送去出版社，拿到沉甸甸的画稿，编辑老师非常感动于我们三人的坚持和韧性。因为非专业出身，这些手工画稿我们不会电脑制图，仅能扫描出版，从印刷效果上会大打折扣，出版社这边经过慎重考虑，决定请安徽建筑大学的杨恩慧老师来帮忙做指导，以现有画稿为基础，将其中人设、情景剧漫画、场馆以电脑制图。初见恩慧老师，她的话并不多，但身上那种凡事淡而不惊的魅力就吸引了我，每一次给出的建议和意见都非常中肯，受用颇多。见过那些画稿后，听说了我、珊珊和璇由此结下的缘分，杨老师非常有心地帮我找到她的学生王思琪，因为思琪和我的个性相像，他想这样我们在情景剧漫画化

的沟通上会更容易。事实的确如此，思琪以我、我的儿子树屹、李珊珊和杭璇四人的相片进行了人物设计，有了最终的“巴菲、大树、杉杉和小轩”四个主角人物形象，围绕情景剧本和现有画稿，创作出了8讲情景剧漫画和场馆图。思琪不仅有灵气还非常认真，临近毕业，自己的事情也非常多，却也为了这本书的插画经常工作到深夜，付出了相当多的劳动。画本身能否表现情景剧中要体现的经济学原理由我负责，但关于画的专业性问题完全靠恩慧老师去把关和指导。没有负责的恩慧老师和勤奋的王思琪同学，插画也就不会有现在的效果！

看过不少关于“人为什么要读书”“女生为什么要受教育”之类的心灵鸡汤、演讲，但往往在某些年龄阶段大家都不能很好去体会其中的道理，很多年后意识到能多读书、应该多读书是多么美好的一件事时却迟了！从经济学的角度来说，教育是极具正外部性的经济行为，它可以提升国民素质，推动整体社会文明程度的提高；对我来说，大学校园生活不仅避免过早进入社会，尽管最终都是要进入的，也让我有了自食其力的敲门砖，锻炼了我独立生活的能力。说起这个其实有些不好意思，但真的是这样，才上大学时洗衣服是没问题的，但第一次洗完被套后，我完全不知道怎么套上，是四毛帮我的，多年后我自己照顾自己和家人、帮助朋友，俨然女汉子，绝对离不开那样的四年。对我来说，那几年大学校园生活让我拥有了独处时不怕孤单的能力，一个人难免会有形单影只的时刻，我往往很享受，因为会学习、会找到很多可以做的事情，不会过多地将生活重心依赖于谁身上，即使孤单但不寂寞。对我来说，那几年校园生活还是让自己能够遇到一些在以后的岁月里值得回忆的人和事，也更让我有了一只小兔子讲授经济学的梦想！

如今这本书真的完成了，要感谢的人真的太多，除了后记中提到的，还有我的家人、老师、同窗、朋友，和很多只有一面之缘甚至不曾谋面的朋友。因为这种种缘分和情谊，我的生活、我的工作才有了很多美好的经历，也让我成为如今的我。尽管20年前的“小兔”如今也偶有白发，快成为“中年兔”了，但人生只要有回忆，不惧梦想，青春哪里会散场？

特别感谢我的经济学启蒙老师蒋长流教授。第一次聆听蒋老师的经济学课，已然20年光景，却仿佛就在眼前，那时每一堂经济学课都是一顿美妙的精神大餐。这些年，我也体会了为人师的不易，蒋老师在课上的循循善诱和认真细致犹如陪我在教学路上行走的明灯。能成为蒋老师的学生，是我毕生的荣幸！

特别感谢我的导师胡永政先生对我一直以来的关心和指导，没有他的帮助，我不可能在大学老师的岗位上成长如此顺利，从一名非师范专业毕业生蜕变为受学生们欢迎的老师！

非常感谢生活安排了属于我的仙女闺蜜们及她们的家人，时刻享有大家庭的温暖，大家一直相亲相爱！

非常感谢我的公婆、父母对我们小家庭的关爱，有他们做坚强后盾，小家才越来越好！

此外，在这本书写作中还参阅了一些中外文献，在此特向这些文献的作者表示感谢！